まいにち、感動クッキー

....

本間節子

はじめに

粉、バター、砂糖、基本の材料は3つ。
そこに卵を加えたり、塩を加えたりすると風味が増して
混ぜ方を変えたり、形を変えたりすると違う食感になって。
ほかにも、粉に米粉やアーモンドパウダーを足したり、バターを植物油に替えたり、
ナッツやチョコレート、バニラやお茶の葉を混ぜたり、クリームをはさんだり……。
材料や手順を変えて生まれる味の広がりには、限りがありません。
食べていて飽きないですし、思い立ったら生活の合間に少しずつ作業を重ねて
気負いなくつくれるのがクッキーの魅力です。

私は出かけるときや旅に出るとき、ストックしてあるクッキーを袋に入れて
かばんに入れておきます。
食べる間がないかと思う日もあるけれど、何かあったときに役に立つと思っていて。
おなかがすいたとき、疲れたとき、そして緊急事態にも助けてくれそうですし、
あってよかったと、友人と分け合ったことは何度もありました。
また、思いがけずに人に出会ったときには、ちょっとした手土産になったり
ありがとうを伝えるツールにもなったりします。
もしかしたら、クッキーは旅と共に世界中に広がっていったのかもしれません。

今回、この本の中で紹介したクッキーは、
長い間、私自身が好きでつくり続けてきたものがほとんどです。
クッキーを食べる楽しみが広がる工夫として
ジャムやアイシング、クリームなどをはさむ、塗る……、
そのつど、一つ一つのクッキーの材料や配合を変えています。
クッキーそのものだけでもおいしく、
クリームをはさむ前に食べてしまった、ということも、しばしば。
さまざまなクッキーの違いを、自由に楽しんでいただきたいと思います。

サクサクほろほろした、香り立つやさしい味わいのクッキーを食べたくなったら
ぜひお試しください。
自分のペースでゆっくりと生地をつくり進めて、好きなときに焼くこともできます。
手づくりクッキーのある暮らしをさまざまな形で楽しんでいただけたなら、
心からうれしく思います。

本間節子

 contents

はじめに ……… 2
クッキーをつくり始める前に ……… 6
この本で使っている道具 ……… 93
この本で使っている材料 ……… 94

1章　（ アイスボックスクッキー ）

 アイスボックスクッキー3種
　（きび糖、黒砂糖、和三盆糖）……… 8

 そば粉のクッキー2種
　（黒ごま、いり玄米）……… 12

 キャラメルくるみのクッキー ……… 14

 チョコとナッツのクッキー2種
　（抹茶とピスタチオ、ココアとくるみ）……… 16

 塩味チーズのクッキー ……… 18

 市松模様のクッキー /
 うず巻きクッキー ……… 19

この本のきまり
○ 大さじ1は15㎖、小さじ1は5㎖です。
○ 卵はLサイズ（正味55～60g）を使用しています。分量がg表示の場合は溶きほぐしてから計量してください。
○ 食品保存袋はファスナータイプで冷凍に対応したものを使用しています。
○ 室温は20～25℃を目安にしてください。
○ 生地を冷蔵庫で冷やすときは、ラップで包んだり、ラップをかけたりします。そのあとの工程（型を抜くなど）では、指定がない限り、ラップははずします。
○ ガスオーブンを使用。設定温度と時間は目安です。機種により焼き加減に差が出るので、上下10℃を目安にして調節してください。電気オーブンの場合は、温度はそのままで時間を長くするなど調節してください。
○ でき上がりの大きさや量は目安です。
○ ⓣマークは、富澤商店で取り扱いのある材料です。

2章 （ 型抜きクッキー ）

和三盆糖のクッキー ──── 24

ごまのビスケット ──── 28

ジャムサンド ──── 30

ホワイトチョコサンド ──── 32

レモンアイシングクッキー ──── 34

レモンアイシングサンド ──── 36

レーズンサンド ──── 38

レモンバタークリームサンド ──── 39

ミモザクッキー ──── 42

きなこのポルボロン ──── 44

3章 （ しぼり出しクッキー ）

ヴィエノワ ──── 48

ジャムクッキー ──── 52

ヴィエノワのチョコがけ2種

（抹茶とホワイトチョコ、ココアとチョコ）──── 54

コーヒーヴィエノワの

チーズクリームサンド ──── 56

4章 （ オイルベースのクッキー ）

きなこのサブレ ──── 60

フロランタン ──── 64

ローズマリーのショートブレッド ──── 66

ほうじ茶のヴィエノワ ──── 68

チュイール ──── 70

チュイールのチョコサンド ──── 71

チュイールロール ──── 71

5章 （ いろいろなクッキー ）

スノーボウル ──── 76

ボーロ2種

（かぼちゃ、栗）──── 78

チョコチップクッキー ──── 80

バターショートブレッド ──── 82

全粒粉のビスケット ──── 84

パルミエ /

チーズパイ ──── 86

チーズとクミンのクッキー ──── 87

COLUMN

フードプロセッサーでクッキー生地をつくる方法 ──── 22
クッキーを使ったデザート ──── 46
余った卵白でつくるメレンゲ ──── 58

おいしい紅茶の淹れ方 ──── 74
クッキーを贈る（クッキー缶＆ラッピング）──── 90
クッキーの保存方法 ──── 92

クッキーをつくり始める前に

基本的なコツを紹介します。1〜4章のクッキーは各章のはじめに解説している「基本のクッキー」をよく読んでからつくりましょう。

バターを室温にもどす

冬場は室温（20〜25℃）にもどすのに時間がかかります。数時間前に冷蔵庫から出しておき、写真のようにラップなどの上から指で押して手の温度でゆるめます。バターがかたく、電子レンジで加熱するときはバターが溶けないように注意が必要です。

粉をふるう

薄力粉などの粉類はダマになりやすいので、使うときは必ずふるってから使います。粉類を数種類使うときは、均一に混ざるように合わせてふるうとよいでしょう。薄力粉や強力粉は湿気やにおいを吸収しやすいので、開封後は密閉保存してください。

打ち粉をする

生地を練る、のばす、型で抜くときに、台や手にくっつかないようにふる粉を打ち粉といいます。粒子の大きさが同じ（使った粉）だと、中に入り込んで混ざってしまうので、粒子の大きい強力粉（適量）を使いましょう。強力粉がない場合は、使った粉で代用してください。

網にのせて冷ます

焼き上がったクッキーは、天板にのせたままにせず、網の上に移して冷まします。天板にのせたままだと余計に熱が入ってしまうからです。焼きたては崩れやすいので、先の薄いターナーを使ってそっと移します。

1章

(アイスボックスクッキー)

クッキーの定番、アイスボックスクッキー。
材料を練り混ぜて生地をつくり、
棒状などに成形して冷やしたら、包丁で切って焼くだけ。
初心者でもつくりやすいクッキーです。

アイスボックスクッキーの基本

アイスボックスクッキー3種

アイスボックスクッキーは砂糖を替えるだけで、風味が変わります。
きび糖は素朴な味わいで、ザクザクとした食感に、黒砂糖は、独特の風味とコクが出ます。
和三盆糖だときめ細かくやさしい食感と風味に。好みの味を見つけてください。

―― 材料〔直径3cm大・各25個分〕

バター（食塩不使用）… 60g
きび糖（または黒砂糖や和三盆糖）… 25g
塩 … 少々
薄力粉 … 100g
生クリーム（乳脂肪分45%）… 10mℓ

―― 準備

・バターは室温にもどし、やわらかくする。
・天板にオーブンペーパーを敷く。

―― つくり方

＊写真はきび糖です。
《生地をつくる》

1 ボウルにバターを入れ、ゴムべらで
なめらかになるまで練る。

2 きび糖と塩を加え、ゴムべらでなじむ
までしっかり練る。

3 薄力粉をふるい入れる。

POINT　ふるって加えることで薄力粉がダマに
ならない。

◆左から「和三盆糖」、「黒砂糖」、「きび糖」、アレンジの「砂糖まぶし」、「バニラ＋砂糖まぶし」。

4 ゴムべらで切るようにして混ぜ、ポロポロのおから状にする。

POINT 切るように混ぜ続けると、全体にバターがなじんでクリーム色になるのが目安。

5 生クリームを加えてゴムべらでよく練り混ぜ、ひとまとめにする。

6 打ち粉（強力粉・分量外）をした台に5をのせて手でしっかりと練る。

POINT 手でしっかりと練ると、生地のきめが整う。

《成形する》

7 6を長さ20cmの棒状にしてから、手のひらで転がして長さ25cmにのばす。

8 まな板を重ね、生地を軽く転がして形を整える。

POINT 板ではさんでのばすと、表面がきれいに仕上がる。

9 8をラップで包んでバットにのせ、冷蔵庫で2時間冷やす。

POINT 生地が崩れないように、バットや天板など平らなものにのせる。

《焼く》

10 オーブンを160℃に予熱する。生地を厚さ1cmに切り、手で転がす。

> POINT　切ったあとに転がすと、切り口がなじんできれいに仕上がる。

11 10を天板に間隔をあけて並べる。

> POINT　生地は焼くと少し膨らむので、間隔を1cm以上あける。

12 160℃のオーブンで15～20分焼き、網の上に移して冷ます。

かんたんアレンジ

アイスボックスクッキーは、アレンジ自在です。砂糖をまぶしたり、バニラやココア、抹茶風味にするのがおすすめです。

【砂糖まぶし】
生地を切る前に、ラップに飾り用のきび糖（またはビートグラニュー糖）10gを広げ、9の生地を転がして砂糖をつける ⓐ。あとは同様に切って焼く。

【バニラ＋砂糖まぶし】
バニラビーンズ2cmのさやに切り込みを入れて種をとり出し、P.9のきび糖に加えて混ぜておく ⓑ。あとはP.9～10と同様につくり、上記の【砂糖まぶし】と同様に砂糖をつけ、切って焼く。

【ココアや抹茶】
P.9の薄力粉100gを、ココアでは薄力粉90g＋ココアパウダー（無糖）10gに、抹茶では薄力粉90g＋抹茶5gに替えて合わせてふるい ⓒ、あとはP.9～11と同様につくる。
＊好みで側面にきび糖をまぶす。

◆ 抹茶生地は変色しやすいので、冷蔵庫で冷やすときや保存するときはラップの上からアルミホイルで覆うとよい。

黒ごま　　　　　　　　　　いり玄米

1章　——————（ アイスボックスクッキー ）

そば粉のクッキー2種

生地はそば粉を入れて、軽やかな食感に仕上げています。
黒いりごまやいり玄米で食感にアクセントが生まれ、香ばしさもアップ。

—— 材料〔 2.5×4cm大・各25個分 〕

バター（食塩不使用）… 60g
和三盆糖（粉砂糖でも可）… 25g
塩 … 少々
A［ そば粉 … 60g
　　 薄力粉 … 40g ］
牛乳 … 5ml
黒いりごま … 12g
　（またはいり玄米 … 20g）

—— 準備
・バターは室温にもどし、やわらかくする。
・天板にオーブンペーパーを敷く。

—— つくり方
＊写真は黒ごまです。

《生地をつくる》

1　ボウルにバターを入れ、ゴムべらでなめらかになるまで練る。和三盆糖と塩を加え、なじむまでしっかり練る。

2　Aを合わせてふるい入れⓐ、ゴムべらで切るようにして混ぜ、ポロポロのおから状にする。牛乳を加えてよく練り混ぜ、黒いりごま（またはいり玄米）を加えて混ぜるⓑ。

3　打ち粉（強力粉・分量外）をした台に2をのせ、手でしっかりと練る。

《成形する》

4　3を長さ20cmの棒状にしてから、手のひらで転がして長さ24cmにのばす。まな板を重ねて軽く押すⓒ。生地の面を変えながら数回くり返して長方形に成形し、カードで整えるⓓ。

5　ラップで包み、冷蔵庫で2時間冷やす。

《焼く》

6　オーブンを160℃に予熱する。生地を厚さ1cmに切り、天板に間隔をあけて並べ、160℃のオーブンで15〜20分焼き、網の上に移して冷ます。

a

b

c

d

いり玄米
玄米をいったもの。
そのまま食べることができる。

キャラメルくるみのクッキー

口溶けのよい生地にキャラメリゼしたくるみを練り込みます。
キャラメルくるみのザクッ、カリッとした食感がくせになる味わい。

—— 材料〔3×3cm大・約25個分〕

[生地]
バター（食塩不使用）… 60g
きび糖 … 25g
塩 … 少々
薄力粉 … 100g
卵 … 20g

[くるみのキャラメルがけ]
ビートグラニュー糖 … 30g
湯 … 小さじ2
くるみ … 30g

—— 準備

・くるみは天板に広げ、160℃に予熱したオーブンで7分焼き、取り出して冷ます。
・バターは室温にもどし、やわらかくする。
・天板にオーブンペーパーを敷く。

—— つくり方

《くるみのキャラメルがけをつくる》

1 鍋にビートグラニュー糖と湯を入れ、ふたをして中火にかける。様子を見ながら砂糖が溶けて茶色く色づいたら、火を止めてくるみを加え、ゴムべら（耐熱性）で混ぜるⓐ。

2 オーブンペーパーの上に広げて冷ましⓑ、包丁で細かく刻むⓒ。

《生地をつくる》

3 ボウルにバターを入れ、ゴムべらでなめらかになるまで練る。きび糖と塩を加え、なじむまでしっかり練る。

4 薄力粉をふるい入れ、ゴムべらで切るようにして混ぜ、ポロポロのおから状にする。溶きほぐした卵を加え、よく練り混ぜ、ひとまとめにする。

5 打ち粉（強力粉・分量外）をした台に4をのせ、手でしっかりと練る。2を加え、手でしっかり混ぜ込むⓓ。

《成形する》

6 5を長さ20cmの棒状にしてから、手のひらで転がして長さ23cmにのばす。まな板を重ねて軽く押す。生地の面を変えながら数回くり返して正方形に成形し、カードで整える。

7 ラップで包み、冷蔵庫で2時間冷やす。

《焼く》

8 オーブンを160℃に予熱する。生地を厚さ1cmに切り、天板に間隔をあけて並べ、160℃のオーブンで15〜20分焼き、網の上に移して冷ます。

ビートグラニュー糖 Ⓣ

ビート（てん菜）が原料のグラニュー糖。すっきりとした甘さが特徴。なければ、一般的なグラニュー糖でも可。

ココアとくるみ

抹茶とピスタチオ

1章　　　　　　（アイスボックスクッキー）

チョコとナッツのクッキー2種

生地に細かく刻んだチョコとナッツを合わせて、サクサク食感に仕上げました。
「抹茶とピスタチオ」はやさしい甘み、「ココアとくるみ」はビターな味わいです。

—— 材料〔直径3cm大・各27個分〕

● 抹茶とピスタチオ
バター（食塩不使用）… 60g
和三盆糖（粉砂糖でも可）… 20g
塩 … 少々
A ┌ 薄力粉 … 80g
　 │ アーモンドパウダー … 25g
　 └ 抹茶 … 6g
ホワイトチョコレート（製菓用）
　… 25g
ピスタチオ … 30g

● ココアとくるみ
バター（食塩不使用）… 60g
和三盆糖（粉砂糖でも可）… 30g
塩 … 少々
A ┌ 薄力粉 … 80g
　 │ アーモンドパウダー … 25g
　 └ ココアパウダー（無糖）… 10g
セミスイートチョコレート（製菓用）
　… 25g
くるみ … 30g

—— 準備

・ナッツ（ピスタチオまたはくるみ）は
　天板に広げ、160℃に予熱したオーブンで
　7分焼き、取り出して冷まし（ピスタチオは
　はがれた皮を除く）、細かく刻む。
・バターは室温にもどし、やわらかくする。
・天板にオーブンペーパーを敷く。

—— つくり方

＊写真は抹茶とピスタチオです。
《生地をつくる》
1　チョコレートは包丁で細かく刻むⓐ。
　＊フードプロセッサーで細かく粉砕しても。

2　ボウルにバターを入れ、ゴムべらでなめ
　らかになるまで練る。和三盆糖と塩を
　加え、なじむまでしっかり練る。

3　Aを合わせてふるい入れ、1を加えて、
　ゴムべらで切るようにして混ぜるⓑ。ナッ
　ツを加えⓒ、しっかり混ぜ込むⓓ。

4　打ち粉（強力粉・分量外）をした台に3を
　のせ、手でしっかりと練る。

《成形する》
5　4を長さ20cmの棒状にしてから、手の
　ひらで転がして長さ27cmにのばす。ま
　な板を重ねて軽く転がし、形を整える。

6　ラップで包み、冷蔵庫で2時間冷やす。

《焼く》
7　オーブンを160℃に予熱する。生地を
　厚さ1cmに切り、天板に間隔をあけて
　並べ、160℃のオーブンで15〜20分
　焼き、網の上に移して冷ます。

ⓐ

ⓑ

ⓒ

ⓓ

◆抹茶生地は変色しやすいので、冷蔵庫で冷やすときや保存するときはラップの上からアルミホイルで覆うとよい。

塩味チーズのクッキー

すりおろしたチーズがたっぷり入り、うま味が濃厚な塩味の効いたクッキー。
薄く切って香ばしく焼き上げ、カリカリとした食感を楽しみます。ワインやビールのお供にも。　　つくり方→P. 20

1 章 ─────（ アイスボックスクッキー ） 19

市松模様のクッキー / うず巻きクッキー

プレーンと抹茶やココアの2色の生地をくるくると巻いたり、
四角く切って組み合わせました。生地を組み合わせたら休ませてなじませます。

つくり方 → P. 20

塩味チーズのクッキー

— 材料〔6×2cm大・35枚分〕
バター（食塩不使用）… 50g
チーズ（パルミジャーノ・レッジャーノ／すりおろし）… 30g
塩 … ひとつまみ
A ┌ 米粉 … 60g
  └ アーモンドパウダー … 40g
卵白 … 30g
粗びき黒こしょう … 少々

— 準備
・バターは室温にもどし、やわらかくする。
・卵白は室温にもどす。
・天板にオーブンペーパーを敷く。

— つくり方

《生地をつくる》
1 ボウルにバターを入れ、ゴムべらでなめらかになるまで練る。チーズ、塩を加えてなじむまでしっかり練る。
2 Aを合わせてふるい入れる。ゴムべらで切るようにして混ぜ、ポロポロのおから状にする。溶きほぐした卵白、黒こしょうを加えてよく練り混ぜる。

《成形する》
3 打ち粉（米粉・分量外）をした台に2をのせて長さ14cmの棒状にのばす。台にラップを広げて生地をのせ、ラップが6×14cm大になるように余裕をもたせて生地を包み、ラップの上からめん棒でラップの隅まで平らにのばし⒜、カードで形を整える⒝。
4 冷蔵庫で1時間冷やす。

《焼く》
5 オーブンを150℃に予熱する。4を厚さ3mmに切り、天板に間隔をあけて並べ、150℃のオーブンで20〜25分焼き、網の上に移して冷ます。

a

b

市松模様のクッキー / うず巻きクッキー

— 材料
〔市松模様のクッキー3.5×3.5cm大・各15個分＋
うず巻きクッキー直径3cm大・各25個分〕
＊市松模様のクッキー、うず巻きクッキーの一方のみをつくるときは、材料は半量でつくれます。

● プレーン×ココア
［プレーン生地］
バター（食塩不使用）… 60g
きび糖 … 25g
塩 … 少々
薄力粉 … 100g
生クリーム（乳脂肪分45％）… 10㎖

［ココア生地］
バター（食塩不使用）… 60g
きび糖 … 25g
塩 … 少々
A ┌ 薄力粉 … 90g
  └ ココアパウダー（無糖）… 10g
生クリーム（乳脂肪分45％）… 10㎖

● プレーン×抹茶
［プレーン生地］
バター（食塩不使用）… 60g
きび糖 … 25g
塩 … 少々
薄力粉 … 100g
生クリーム（乳脂肪分45％）… 10㎖

［抹茶生地］
バター（食塩不使用）… 60g
きび糖 … 25g
塩 … 少々
B ┌ 薄力粉 … 90g
  └ 抹茶 … 5g
生クリーム（乳脂肪分45％）… 10㎖

— 準備
・バターは室温にもどし、やわらかくする。
・天板にオーブンペーパーを敷く。

1 章　──────（ アイスボックスクッキー ）　　　　　　　　　　　　21

 市松模様のクッキー

── つくり方

《プレーン生地をつくる》
1　ボウルにバターを入れ、ゴムべらでなめらかになるまで練る。きび糖と塩を加え、なじむまでしっかり練る。
2　薄力粉をふるい入れる。ゴムべらで切るようにして混ぜ、ポロポロのおから状にする。生クリームを加えてよく練り混ぜる。
3　打ち粉(強力粉・分量外)をした台に2をのせ、手でしっかりと練ってひとまとめにする。
4　台にラップを広げ、3の半量をのせ、めん棒でのばす。ラップが6×14cm大になるように余裕をもたせて生地を包み@、ラップの上からめん棒でラップの隅まで平らにのばす(厚みの目安は1cm)。冷蔵庫で1時間冷やす。
＊残った生地は、使うまで冷蔵庫で冷やしておく。

《ココア生地（または抹茶生地）をつくる》
5　ココア生地(または抹茶生地)は、つくり方2の薄力粉をA（またはB）に替え、合わせてふるい入れるほか、つくり方4と同様に生地をのばし、冷蔵庫で1時間冷やす。
＊残った生地は、使うまで冷蔵庫で冷やしておく。
6　端を切り落とし、短い辺を幅1cmに切り、棒状にするⓑ(5本用意する)。2色の生地を縦3列、横3列に、交互になるように並べるⓒ。中央の生地をココア(または抹茶)にしてもよいⓓ。ラップで包み、冷蔵庫で1時間冷やす。

《焼く》
7　オーブンを160℃に予熱する。8を厚さ8mmに切り、天板に間隔をあけて並べ、160℃のオーブンで15〜20分焼き、網の上に移して冷ます。
＊残った生地1本は食べやすい長さに切って焼く。

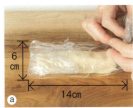
a

c

b

d

 うず巻きクッキー

── つくり方

＊プレーン生地、ココア生地（または抹茶生地）は市松模様のクッキーのつくり方4、5の残りを使う。

《プレーン生地を成形する》
1　冷蔵庫からプレーン生地を台に取り出し、ラップをあけてめん棒でのばすⓐ。ラップが10×20cm大になるように余裕をもたせて生地を包み、ラップの上からめん棒でラップの隅までのばすⓑ。

《ココア生地（または抹茶生地）を成形する》
2　冷蔵庫からココア生地(または抹茶生地)を台に取り出し、ラップをあけてめん棒でのばす。ラップが12×20cm大になるように余裕をもたせて生地を包み、ラップの上からめん棒でラップの隅までのばす。
＊生地を巻いたときに内側になる方を小さく厚めに、外側になる方を大きく薄めにのばす。
3　ココア生地(または抹茶生地)の手前と奥を1cmずつあけてプレーン生地を重ねるⓒ。生地の手前を持ち上げてしっかりと折り込んでからⓓ、巻く。手のひらで転がして長さ25cmにのばすⓔ。ラップで包み、冷蔵庫で2時間冷やす。

《焼く》
4　オーブンを160℃に予熱する。3を厚さ1cmに切り、天板に間隔をあけて並べ、160℃のオーブンで15〜20分焼き、網の上に移して冷ます。

a

d
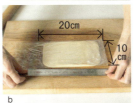
b

e

c

◆抹茶生地は変色しやすいので、冷蔵庫で冷やすときや保存するときはラップの上からアルミホイルで覆うとよい。

COLUMN

フードプロセッサーでクッキー生地をつくる方法

1章のアイスボックスクッキーや2章の型抜きクッキーなどの生地は、
フードプロセッサーでつくるとかんたんでおすすめです。

フードプロセッサーでつくるメリット

- バターを室温でやわらかくせずに冷たいまま使える。
- 粉類をふるう手間が省ける。
- 生地がまとまりやすく、時短になる。

フードプロセッサーでつくるときの手順

生クリームや卵など液状のものを除いた材料を先に攪拌します。
混ざったら、液状の材料を加えて攪拌しましょう。
本書のなかから、フードプロセッサーを使ったつくり方を2例紹介します。

使ったフープロはコレ!

アイスボックスクッキー3種
（1章／P.8）

――材料〔直径3cm大・各25個分〕

A｜薄力粉 … 100g
　｜バター（食塩不使用）… 60g
　｜きび糖（または和三盆糖や黒砂糖）
　｜　… 25g
　｜塩 … 少々
生クリーム（乳脂肪分45％）… 10㎖

――準備
・バターは冷たいまま1cm角に切る。
・天板にオーブンペーパーを敷く。

――つくり方

1　フードプロセッサーにAを入れて
　ⓐ、攪拌するⓑ。

2　細かくサラサラの状態になったら
　止めて生クリームを加えⓒ、再び
　攪拌してポロポロの状態になった
　ら止めるⓓ。

3　P.10のつくり方6以降と同様に生
　地を練り、成形して焼く。

a

b

c

d

和三盆糖のクッキー
（2章／P.24）

――材料〔約30個分〕

A｜薄力粉 … 100g
　｜バター（食塩不使用）… 60g
　｜和三盆糖（粉砂糖でも可）… 25g
　｜塩 … 少々
卵黄 … 1個分

――準備
・バターは冷たいまま1cm角に切る。
・天板にオーブンペーパーを敷く。

――つくり方

1　フードプロセッサーにAを入れて
　攪拌する。

2　細かくサラサラの状態になったら
　止めて卵黄を加え、再び攪拌して
　ポロポロの状態になったら止める。

3　P.26のつくり方6以降と同様に生
　地を練り、成形して焼く。

1、2章のすべてのクッキーのほか、5章のスノーボウル
（P.76）、バターショートブレッド（P.82）、全粒粉のビス
ケット（P.84）、パルミエ／チーズパイ（P.86）、チーズとク
ミンのクッキー（P.87）もフードプロセッサーでつくれます。

フードプロセッサーは、
「ブラウン マルチクイック 7 ハンドブレンダー　MQ7085 XBG」の付属品です。

道具協力／デロンギ・ジャパン　https://www.braunhousehold.com/ja-jp/

2章

(型抜きクッキー)

つくった生地をのばして、好みの型で抜いて焼きます。
上手に型抜きするコツは、のばした生地を冷やすこと。
本書では、残った生地(2番生地)の扱い方も
ていねいに紹介しています。

型抜きクッキーの基本
和三盆糖のクッキー

型抜きクッキーのベースともいえるクッキー。
和三盆糖ならではのサクサクほろりとした食感で、歯のあたりは極めてやわらか。
口の中で溶けるようなクッキーです。

―― 材料〔約30個分〕

バター（食塩不使用）… 60g
和三盆糖（粉砂糖でも可）… 25g
塩 … 少々
卵黄 … 1個分
薄力粉 … 100g

―― 準備

・バターは室温にもどし、やわらかくする。
・天板にオーブンペーパーを敷く。

―― つくり方
《生地をつくる》

1　ボウルにバターを入れ、ゴムべらでなめらかになるまで練る。

2　和三盆糖と塩を加え、ゴムべらでなじむまでしっかり練る。

3　卵黄を加えてゴムべらで混ぜる。

◆ 抜き型は、4cmの菊型や花型、2.7×4.5cmの波・角型、直径4cmの丸型などを使用。

4 薄力粉をふるい入れる。

POINT ふるって加えることで薄力粉がダマにならない。

5 ゴムべらでなめらかになじむまで練って混ぜる。

POINT ゴムべらで切るように混ぜ、ある程度なじんだら、押して混ぜる。

6 打ち粉（強力粉・分量外）をした台に5をのせて手で練って、ひとまとめにする。

POINT 手で生地がなめらかになるまで練ると、生地のきめが整う。

7 ラップで包んでバットにのせ、冷蔵庫で1時間冷やす。

POINT 生地が崩れないように、バットや天板など平らなものにのせる。

8 打ち粉（強力粉・分量外）をした台に7をのせ、めん棒で全体を数カ所押して広げる（12cm四方が目安）。

POINT 時々生地の向きを変え、表裏も返してのばす。

9 台にラップを広げ、8をのせてめん棒で厚さ3mmにのばす（22cm四方が目安）。ラップをかけ、冷蔵庫で1時間冷やす。

POINT めん棒を前後、左右に転がしてのばすを数回くり返し、厚みを均一にする。

POINT 生地はのばすとやわらかくなり、きれいに型抜きしづらくなるので冷蔵庫で冷やす。また、冷やすと生地がなじんでよりおいしく仕上がる。

《型で抜く》

10 オーブンを160℃に予熱する。9を型で抜き、天板に間隔をあけて並べる。残った生地はまとめ直す(→右・残った生地の成形方法参照)。

POINT ▶ 型に打ち粉(強力粉・分量外)をすると、生地がくっつきにくく作業しやすい。

《焼く》

11 160℃のオーブンで14分焼き、網の上に移して冷ます。

残った生地の成形方法

型で抜いたあと、必ず残る抜き終わった生地。この残った生地を2番生地と、さらに残った生地を3番生地と呼びます。再びのばして型抜きしたり、丸めたりして焼きましょう。

1 抜き終わった生地をまとめ直す ⓐ。
＊生地がやわらかくなったら冷蔵庫で冷やす。

POINT ▶ 生地はいじればいじるほど焼いたときに縮んだり、食感がかたくなったりするので、練りすぎないよう注意する。

2 好みの方法で成形し、焼く。ここでは3つの成形方法をご紹介。

Ⓐ【型で抜く】
1番生地と同様に、生地をめん棒でのばす ⓑ。冷蔵庫で冷やしてから型で抜く。

Ⓑ【コップで広げる】
直径2cm大に手のひらで丸める。ラップではさんでコップの底で押して、1番生地と同じ厚さにのばし、フォークで穴をあける。

Ⓒ【丸める】
直径2cm大に手のひらで丸める。つぶしてチョコレート(分量外)を包み、丸める。

ごまのビスケット

ごまの風味が口いっぱいに広がります。ベーキングソーダを入れることで
カリカリッとした食感を生み、なんともなつかしい味わいに。

—— 材料 〔 4.5cmの花型・22枚分
　　　　　＋長さ17.5cm・8本分 〕

バター（食塩不使用）… 50g
和三盆糖（粉砂糖でも可）… 30g
塩 … 少々
A ┌ 溶き卵 … ⅙個（12g）
　│ 牛乳 … 小さじ½
　│ ベーキングソーダ
　└ 　　… 0.5g（小さじ⅛）
薄力粉 … 100g
黒いりごま … 15g

—— 準備
・バターは室温にもどし、やわらかくする。
・Aを混ぜ合わせる。

・天板にオーブンペーパーを敷く。

—— つくり方

《生地をつくる》

1　ボウルにバターを入れ、ゴムべらでなめらかに練る。和三盆糖と塩を加え、なじむまでしっかり練る。

2　Aを加えてゴムべらで混ぜ、薄力粉をふるい入れる。なめらかになじむまで混ぜ、黒ごまを加えて練り混ぜる。

3　打ち粉（強力粉・分量外）をした台に生地をのせ、手で練ってひとまとめにする。ラップで包み、冷蔵庫で1時間冷やす。

4　打ち粉（強力粉・分量外）をした台に3をのせ、めん棒で軽く押し広げる。台にラップを広げ、生地をのせてめん棒で厚さ3mmにのばす（22cm四方が目安）。

5　ラップをかけ、冷蔵庫で1時間冷やす。

《型で抜く》

6　オーブンを160℃に予熱する。5を型で抜き、天板に間隔をあけて並べる。残った生地はまとめ直し、8等分して手のひらで丸めるⓐ。手のひらで転がして長さ18cmにのばすⓑ、ⓒ。
＊残った生地は別の形で焼いてもよい（P.27参照）。

《焼く》

7　160℃のオーブンで15〜20分（スティック状は15分）焼き、網の上に移して冷ます。

ⓐ

ⓑ

ⓒ

ジャムサンド

ジャムをはさむので、生地は強力粉を使ってしっかりめに。アーモンドパウダーも加えてサクッと口溶けよく仕上げています。ジャムはしっかり煮詰めてからはさみましょう。

―― 材料 〔 直径4.5cmの丸型・12個分 ＋直径2cm大・6個分 〕

[生地（アーモンドクッキー）]
バター（食塩不使用）… 60g
和三盆糖（粉砂糖でも可）… 25g
塩 … 少々
卵黄 … 1個分
A ┌ 強力粉 … 85g
　└ アーモンドパウダー … 20g

[フィリング]
好みのジャム* … 100g
レモン果汁 … 10ml
＊写真はいちごジャムとあんずジャムを50gずつ使用。

―― 準備
・バターは室温にもどし、やわらかくする。
・天板にオーブンペーパーを敷く。

―― つくり方

《生地をつくる》

1　ボウルにバターを入れ、ゴムべらでなめらかに練る。和三盆糖と塩を加え、なじむまでしっかり練る。

2　卵黄を加えてゴムべらで混ぜ、Aをふるい入れる。なめらかになじむまで混ぜる。

3　打ち粉（強力粉・分量外）をした台に2をのせ、手で練ってひとまとめにする。ラップで包み、冷蔵庫で1時間冷やす。

4　打ち粉（強力粉・分量外）をした台に3をのせ、めん棒で軽く押し広げる。台にラップを広げ、生地をのせてめん棒で厚さ3mmにのばす（22cm四方が目安）。

5　ラップをかけ、冷蔵庫で1時間冷やす。

《型で抜く》

6　オーブンを160℃に予熱する。5を型で抜き、半量は中央に口金などで小さな円を抜く。天板に間隔をあけて並べる。
＊焼くまで冷蔵庫で冷やしておく。
残った生地はまとめ直し、同様にのばして冷やし、型で抜く。＊さらに残った生地はコップの底でのばす（P.27参照）。

《焼く》

7　160℃のオーブンで15〜20分焼き、網の上に移して冷ます。＊クッキーのでき上がり。そのまま食べてもおいしい。

《ジャムをはさむ》

8　鍋にジャムを裏ごしして入れⓐ、レモン果汁を加えて中火にかけ、ゴムべらで絶えず混ぜⓑ、とろりとするまで煮詰めるⓒ。

9　8が熱いうちにクッキーの裏面にスプーンでのせⓓ、穴をあけたクッキーをかぶせる。小さいクッキーにも8をはさむ。

a

b

c

d

2 章 （ 型抜きクッキー ）　　33

ホワイトチョコサンド

全粒粉の香ばしさ、素朴な風味をホワイトチョコレートのミルキーな甘さが
包み込みます。お互いを引き立て、おいしさがアップする絶妙な組み合わせです。

—— 材料 〔 4cmの花型・15個分 〕

[生地（全粒粉のクッキー）]
バター（食塩不使用）… 60g
和三盆糖（粉砂糖でも可）… 30g
塩 … 少々
卵黄 … 1個分
A 〔 全粒粉 … 60g
　　薄力粉 … 50g 〕

[フィリング]
ホワイトチョコレート（製菓用）
　　… 50g

—— 準備
・バターは室温にもどし、やわらかくする。
・天板にオーブンペーパーを敷く。

—— つくり方

《生地をつくる》
1 ボウルにバターを入れ、ゴムべらでなめらかに練る。和三盆糖と塩を加え、なじむまでしっかり練る。

2 卵黄を加えてゴムべらで混ぜ、Aをふるい入れる。なめらかになじむまで混ぜる。

3 打ち粉（強力粉・分量外）をした台に2をのせ、手で練ってひとまとめにする。ラップで包み、冷蔵庫で1時間冷やす。

4 打ち粉（強力粉・分量外）をした台に3をのせ、めん棒で軽く押し広げる。台にラップを広げ、生地をのせてめん棒で厚さ3mmにのばす（22cm四方が目安）。

5 ラップをかけ、冷蔵庫で1時間冷やす。

《型で抜く》
6 オーブンを160℃に予熱する。5を別のオーブンペーパーの上に移してから型で抜き、天板に間隔をあけて並べる。残った生地は天板に移してそのまま焼く（下記参照）。＊残った生地はまとめ直して焼いても（P.27参照）。

《焼く》
7 160℃のオーブンで14〜16分焼き（残った生地は13〜14分）、網の上に移して冷ます。＊クッキーのでき上がり。そのまま食べてもおいしい。

《チョコレートをはさむ》
8 チョコレートを耐熱ボウルに入れてラップをふんわりとかけ、電子レンジ（300W）で2〜3分加熱する。ゴムべらで混ぜて ⓐ、しっかりと溶かし ⓑ、しぼり袋に入れ、カードなどで先端に寄せる。
＊チョコは電子レンジで完全に溶かしきらないのがポイント。少しかたまりが残っていて、混ぜたときに溶けきる状態がよい。

9 8の袋のごく先端を切り、クッキーの半量の裏面にしぼり ⓒ、少しおく。チョコが固まりかけたら、残りのクッキーをかぶせる。

a

b

c

残った生地のアレンジ　　残った生地を焼いて、余ったチョコをからめるのがおすすめです。

残った生地はそのままの形で焼く ⓓ。8のボウルに割り入れて混ぜ ⓔ、オーブンペーパーの上に広げて ⓕ、チョコが固まるまでおく。
＊このまま食べるのはもちろん、このアレンジを使ったデザート（P.46）もおいしい。

d

e

f

レモンアイシングクッキー

強力粉を使って強度を出していますが、米粉を合わせてほろりと、口溶けのよいクッキー生地に。たっぷりのレモンアイシングでさわやか。

—— 材料〔直径5.5cmの丸型・16枚分〕

[生地（レモンクッキー）]
バター（食塩不使用）… 60g
和三盆糖（粉砂糖でも可）… 30g
塩 … 少々
卵黄 … 1個分
A [強力粉 … 80g
　　米粉 … 20g]
レモンの皮（国産・すりおろし）… 1個分

[アイシング]
粉砂糖 … 80g
レモン果汁 … 15mℓ

—— 準備
・バターは室温にもどし、やわらかくする。
・天板にオーブンペーパーを敷く。

◆ アイシングが残ったら、ほかのクッキーに塗るのはもちろん、紅茶に入れたり、ヨーグルトに混ぜたり、焼き菓子にかけたりしてもおいしい。

—— つくり方

《生地をつくる》

1　ボウルにバターを入れ、ゴムべらでなめらかに練る。和三盆糖と塩を加え、なじむまでしっかり練る。

2　卵黄を加えてゴムべらで混ぜ、Aをふるい入れる。レモンの皮を加えてなめらかになじむまで混ぜる。

3　打ち粉（強力粉・分量外）をした台に2をのせ、手で練ってひとまとめにする。ラップで包み、冷蔵庫で1時間冷やす。

4　打ち粉（強力粉・分量外）をした台に3をのせ、めん棒で軽く押し広げる。台にラップを広げ、生地をのせてめん棒で厚さ3mmにのばす（22cm四方が目安）。

5　ラップをかけ、冷蔵庫で1時間冷やす。

《型で抜く》

6　オーブンを160℃に予熱する。5を型で抜き、天板に間隔をあけて並べる。
＊焼くまで冷蔵庫で冷やしておく。
残った生地はまとめ直し、同様にのばして冷やし、型で抜く。＊さらに残った生地はコップの底でのばす（P.27参照）。

《焼く》

7　160℃のオーブンで15～20分焼き、網の上に移して冷ます。＊クッキーのでき上がり。そのまま食べてもおいしい。

《アイシングをつくる》

8　ボウルに粉砂糖を入れてレモン果汁を加え@、ゴムべらでよく練り混ぜる⒝。

《組み立てる》

9　オーブンを150℃に予熱する。クッキーの表面に8をスプーンで落とし©、パレットナイフで中央から縁に塗り広げる@。天板に間隔をあけて並べる@。

10　150℃のオーブンで全体にツヤが出るまで2分焼き、網の上に移して冷ます。

a

b

c

d

e

レモンアイシングサンド

ころんとかわいいひと口サイズで、レモンの香りが口いっぱいに広がります。
レモンアイシングをはさんでいるので、サクサクとした食感がよりしっかり感じられます。

—— 材料 〔直径4cmの丸型・16個分〕

[生地（レモンクッキー）]
バター（食塩不使用）… 60g
和三盆糖（粉砂糖でも可）… 30g
塩 … 少々
卵黄 … 1個分
A ┌ 強力粉 … 80g
　└ 米粉 … 20g
レモンの皮（国産・すりおろし）
　… ⅔個分

[アイシング]
粉砂糖 … 80g
レモン果汁 … 15mℓ
レモンの皮（国産・すりおろし）
　… ⅓個分

[飾り]
ピスタチオ（ローストしたもの）… 少々

—— 準備
・ピスタチオは細かく刻む。
・バターは室温にもどし、やわらかくする。
・天板にオーブンペーパーを敷く。

—— つくり方

《生地をつくる》
1　P.35のつくり方1〜5を参照し、生地をつくる。

《型で抜く》
2　オーブンを160℃に予熱する。1を型で抜き、天板に間隔をあけて並べる。
＊焼くまで冷蔵庫で冷やしておく。
残った生地はまとめ直し、同様にのばして冷やし、型で抜く。＊さらに残った生地はコップの底でのばす（P.27参照）。

《焼く》
3　160℃のオーブンで14〜16分焼き、網の上に移して冷ます。＊クッキーのでき上がり。そのまま食べてもおいしい。

《アイシングをつくる》
4　ボウルに粉砂糖を入れてレモン果汁、レモンの皮を加え、ゴムべらでよく練り混ぜる。

《組み立てる》
5　4をしぼり袋に入れⓐ、カードなどで先端に寄せⓑ、袋のごく先端を切る。

6　クッキーの半量の表面に5を少量しぼりⓒ、ピスタチオをのせる。

7　残りのクッキーの裏面にも5をしぼりⓓ、6をかぶせる。

a

b

c

d

◆アイシングが残ったら、ほかのクッキーに塗るのはもちろん、紅茶に入れたり、ヨーグルトに混ぜたり、焼き菓子にかけたりしてもおいしい。

レーズンサンド

イタリアンメレンゲでつくる本格的なバタークリームを、ふっくらリッチなクッキーで
はさみました。ラムレーズンを自家製にするとおいしさは格別！

つくり方 → P. 40

レモンバタークリームサンド

紅茶の香り豊かでサクサクと軽やかな食感のクッキーに、レモンバタークリームを
合わせると、レモンティーのような、なつかしくて上品な味わいに。

つくり方 → P.41

レーズンサンド

ラムレーズンの材料とつくり方
ドライレーズン(サルタナレーズンを使用)30gは熱湯をさっとかけて水けをふき取り、清潔なふた付きのびんに入れる。ラム酒15mlを鍋に入れて煮立て、熱いうちにびんに加える。時々、上下を返しながら漬ける。
＊3日間漬けるとおいしい。

—— 材料〔直径4cmの丸型・16個分〕

[生地(アーモンドサブレ)]
バター(食塩不使用) … 75g
和三盆糖(粉砂糖でも可) … 20g
塩 … 少々
卵 … ¼個分(15g)
A ┌ 薄力粉 … 90g
　│ アーモンドパウダー … 20g
　│ ベーキングパウダー
　└ 　… 0.5g(小さじ⅛)

[飾り]
卵黄 … ½個分(10g)
水 … 小さじ¼
アーモンドスライス … 20〜30g

[フィリング]
バタークリーム(P.41参照)
　…P.41の全量
ラムレーズン … 50g

—— 準備
・バターは室温にもどし、やわらかくする。
・天板にオーブンペーパーを敷く。
・しぼり袋に星口金をつける。

—— つくり方

《生地をつくる》

1　ボウルにバターを入れ、ゴムべらでなめらかに練る。和三盆糖と塩を加え、なじむまでしっかり練る。

2　卵を加えてゴムべらで混ぜ、Aをふるい入れる。なめらかになじむまで混ぜる。

3　打ち粉(強力粉・分量外)をした台に2をのせ、手で練ってひとまとめにする。ラップで包み、冷蔵庫で1時間冷やす。

4　打ち粉(強力粉・分量外)をした台に3をのせ、めん棒で軽く押し広げる。台にラップを広げ、生地をのせてめん棒で厚さ3mmにのばす(22cm四方が目安)。

5　ラップをかけ、冷蔵庫で1時間冷やす。

《型で抜く》

6　オーブンを160℃に予熱する。5を型で抜き、天板に間隔をあけて並べる。＊焼くまで冷蔵庫で冷やしておく。
残った生地はまとめ直し、同様にのばして冷やし、型で抜く。＊さらに残った生地はコップの底でのばす(P.27参照)。

7　卵黄に水を加えてよく混ぜ、6の表面にはけで塗り⒜、5分おいてもう一度塗る。半量にアーモンドを3枚ずつのせる⒝。

《焼く》

8　160℃のオーブンで14〜16分焼き、網の上に移して冷ます。＊サブレのでき上がり。そのまま食べてもおいしい。

《組み立てる》

9　P.41のバタークリームのつくり方1〜5を参照してバタークリームをつくる。

10　9をしぼり袋に入れ、クッキー(アーモンドがない方)の裏面にしぼり⒞、ラムレーズンをのせる。9を少量しぼり⒟、残りのクッキー(アーモンドがある方)をかぶせて冷蔵庫で30分以上冷やす。
＊保存は冷蔵庫で。

a

b

c

d

2 章　──────（型抜きクッキー）　　　　　　　　　　　　　　　　　　　　　　41

レモンバター
クリームサンド

レモンピールの材料とつくり方
レモン1個（国産）はよく洗ってピーラーで皮をそぎ、皮は細切りにする。皮を熱湯でゆでこぼし、水（かぶるくらいよりも多め）とビートグラニュー糖（＊）30gを入れ、ツヤが出るまで弱火で10〜15分煮る。
＊なければ、一般的なグラニュー糖でも可（P.15参照）。

── 材料〔直径4cmの菊型・16個分〕

[生地（紅茶サブレ）]
バター（食塩不使用）… 75g
和三盆糖（粉砂糖でも可）… 20g
塩 … 少々
卵 … ¼個分（15g）
A ┃ 薄力粉 … 90g
　 ┃ アーモンドパウダー … 20g
　 ┃ 紅茶（茶葉・アールグレイ）… 3g
　 ┃ ベーキングパウダー
　 ┃ 　… 0.5g（小さじ⅛）

[飾り]
卵黄 … ½個分（10g）
水 … 小さじ¼

[フィリング]
レモンバタークリーム（下記参照）
　… 下記の全量
レモンピール … 適量

── 準備
・バターは室温にもどし、やわらかくする。
・紅茶の茶葉はミルにかけて粉砕する（指でひねって細かくするのでも）。
・天板にオーブンペーパーを敷く。
・しぼり袋に星口金をつける。

── つくり方

《生地をつくる》
1 P.40のつくり方1〜5を参照し、生地をつくる。

《型で抜く》
2 オーブンを160℃に予熱する。1を型で抜き、天板に間隔をあけて並べる。＊焼くまで冷蔵庫で冷やしておく。残った生地はまとめ直し、同様にのばして冷やし、型で抜く。＊さらに残った生地はコップの底でのばす（P.27参照）。

3 卵黄に水を加えてよく混ぜ、生地の表面にはけで塗って5分おき、もう一度塗る。さらに5分おき、表面にフォークで筋をつける ⓐ。

《焼く》
4 160℃のオーブンで14〜16分焼き、網の上に移して冷ます。＊サブレのでき上がり。そのまま食べてもおいしい。

《組み立てる》
5 下記のつくり方を参照（つくり方2の水をレモン果汁に替える）し、レモンバタークリームをつくる。

6 5をしぼり袋に入れ、クッキーの半量の裏面にしぼり、レモンピールをのせる。5を少量しぼり、残りのクッキーをかぶせ、冷蔵庫で30分以上冷やす。＊保存は冷蔵庫で。

ⓐ

○ バタークリーム、レモンバタークリームのつくり方

── 材料〔つくりやすい分量〕
卵白 … 40g（1個分）
水＊1 … 25ml
ビートグラニュー糖＊2 … 75g
バター（食塩不使用）… 75g
＊1 レモンバタークリームの場合は、水をレモン果汁に替える。
＊2 なければ、一般的なグラニュー糖でも可（P.15参照）。

── 準備
・バターは室温にもどし、やわらかくする。

── つくり方
1 耐熱ボウルに卵白を入れ、ハンドミキサーで泡立てる。ツノがピンと立つのが目安ⓐ。

2 鍋に水（またはレモン果汁）とビートグラニュー糖を入れ、ふたをして中火にかけるⓑ。温度を測りながら、とろみがつくまで煮詰める（温度の目安は118℃）。

3 1をハンドミキサーの低速で泡立てながら2を注ぐⓒ。高速で泡立ててボリュームが出たら、低速にして冷めるまで泡立て続ける。ツヤが出てツノがしっかり立つのが目安ⓓ。

4 別のボウルにバターを入れ、ハンドミキサーでふんわりするまで泡立てるⓔ。

5 3の½量を3回に分けて4に加え、そのつどハンドミキサーで混ぜる。よく混ざったら、ゴムべらで混ぜるⓕ。＊残ったイタリアンメレンゲは、P.58のつくり方3と同様に焼く。

＊保存は冷蔵庫で。

ミモザクッキー

驚くほどにほろほろとした食感の秘密は、生地に混ぜたゆで卵の黄身。
オレンジの皮をレモンの皮やバニラビーンズに替えるのもおすすめです。

—— 材料〔底径2cmの口金・25個分〕

バター(食塩不使用) … 55g
和三盆糖(粉砂糖でも可) … 25g
塩 … ひとつまみ
ゆで卵の黄身 … 30g(2個分)
オレンジの皮(すりおろし)* … ½個分
A ┌ 薄力粉 … 50g
　└ 片栗粉 … 45g
＊国産バレンシアオレンジを使用。
レモンの皮(国産)½個やバニラビーンズ2cm
でも。

—— 準備

・バターは室温にもどし、やわらかくする。
・天板にオーブンペーパーを敷く。

—— つくり方

《生地をつくる》

1　ボウルにバターを入れ、ゴムべらでなめらかに練る。和三盆糖と塩を加え、なじむまでしっかり練る。

2　黄身を万能こし器で裏ごしして加え⒜、ゴムべらで練り混ぜる。オレンジの皮を加え、練り混ぜる。

3　Aを合わせてふるい入れ、なめらかになじむまでゴムべらで混ぜてひとまとめにする。

4　ラップを広げた台に3をのせ、ラップをかける。ラップの上からめん棒で厚さ1cmになるように、めん棒を前後、左右に転がしてのばす⒝(13.5cm四方が目安)。

5　冷蔵庫で2時間冷やす。

《型で抜く》

6　オーブンを150℃に予熱する。口金のしぼり出し口と反対の方に打ち粉(強力粉・分量外)をしっかりして、5を抜く⒞。生地を菜箸でそっと押し出し⒟、天板に間隔をあけて並べる。残った生地はまとめ直し、同様にのばして型で抜く。

《焼く》

7　150℃のオーブンで25分焼き、網の上に移して冷ます。

a

b

c

d

かたゆで卵のつくり方
鍋に湯を沸かし、冷蔵庫から出したての卵を入れる。中火で12分ゆでて冷水にとる。

2 章　──────（型抜きクッキー）

きなこのポルボロン

スペインの伝統菓子で、ポルボは「粉」、ロンは「崩れる」を意味します。
その名の通り、ほろほろとした口溶け。きなこの風味が口いっぱいに広がります。

── 材料 〔約2cmのティアドロップ型・25個分〕

バター（食塩不使用）… 45g
和三盆糖（粉砂糖でも可）… 25g
A ┌ 薄力粉 … 60g
　│ アーモンドパウダー … 20g
　│ きなこ … 15g
　└ シナモンパウダー … 小さじ¼

── 準備

- 薄力粉はアルミホイルを敷いた天板に広げ、150℃に予熱したオーブンで20分焼き、室温で冷ます（約55gになる）。

＊焼くことでグルテンが減り、ほろほろとした食感のクッキーに仕上がる。

- バターは室温にもどし、やわらかくする。
- 天板にオーブンペーパーを敷く。

── つくり方

《生地をつくる》

1　ボウルにバターを入れ、ゴムべらでなめらかに練る。和三盆糖を加え、なじむまでしっかり練る。

2　Aを合わせてふるい入れ、ゴムべらで混ぜる。まんべんなく混ざったら ⓐ、手で練ってひとまとめにする。

3　台に2をのせ、手でしっかりと練り ⓑ、ひとまとめになったら ⓒ、ラップで包む。

4　ラップを広げた台に3をのせ、ラップが12×10cm大になるように余裕をもたせて生地を包み ⓓ、ラップの上からめん棒でラップの隅までのばす。

5　冷蔵庫で1時間冷やす。

《型で抜く》

6　オーブンを150℃に予熱する。5を型で抜き、天板に間隔をあけて並べる。残った生地はまとめ直し、同様にのばして型で抜く（P.27参照）。

《焼く》

7　150℃のオーブンで25分焼き、網の上に移して冷ます。

a

b

c

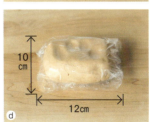
d

抜き型について

崩れやすい生地なので、型が複雑な形だと抜きづらい。小さくてシンプルな形のものがおすすめ。

COLUMN

クッキーを使ったデザート

クッキーはそのまま食べるのはもちろん、デザートにアレンジするのも格別です。
かんたんなアレンジ方法を紹介します。ぜひやってみてください。

クッキーケーキ

—— 材料〔1人分〕

生クリーム（乳脂肪分36%）… 50mℓ
クリームチーズ … 20g
レモンクッキー（P.34レモンアイシングクッキーの
　アイシングを塗っていない状態のもの）… 3枚
きび糖 … 小さじ1
バナナ（厚さ1cmに切る）… 3切れ
ミントの葉 … 適量

—— 準備

・クリームチーズは室温にもどし、やわらかくする。

—— つくり方

1　ボウルに生クリームときび糖を入れ、泡立て器で8分立てに泡立てる。飾り用に少量、取り分けておく。

2　別のボウルにクリームチーズを入れ、ゴムべらでなめらかになるまで練り、1を加えて混ぜる。

3　クッキー1枚にバナナ1切れをのせ、2を塗り、クッキー1枚をのせる。もう一度くり返したら、2の残りを全体に塗り広げる。飾り用の生クリーム、バナナ1切れをのせ、ミントの葉を飾る。

ミニサンデー

—— 材料〔1人分〕

ホワイトチョコサンドクッキー
　（P.33参照・残り生地にチョコをからめたもの）… 適量
バニラアイスクリーム、ブルーベリー … 各適量

—— つくり方

1　グラスにホワイトチョコサンドクッキーの残り生地のチョコがけを砕いて入れる。

2　アイスクリーム、ブルーベリーを盛る。

3 章

(しぼり出しクッキー)

1章のアイスボックスクッキーや2章の型抜きクッキーのように
生地を冷蔵庫で冷やさずにすぐに焼けるのがうれしいところ。
しぼって焼いたクッキーは、見た目が美しく
エレガントな仕上がりです。

しぼり出しクッキーの基本

ヴィエノワ

卵白を混ぜたしぼり出しクッキー。軽い食感が特徴ですが、バターのしっかりとした風味が口いっぱいに広がります。好みの形にしぼってみましょう。

—— 材料 〔約30個分〕

[生地]
バター（食塩不使用）… 60g
A ┌ 和三盆糖（粉砂糖でも可）… 20g
　├ バニラビーンズ … 2cm
　└ 塩 … 少々
卵白 … 15g
薄力粉 … 70g

[飾り]
ピスタチオ（お好みで）… 適宜

—— 準備

・バターは室温にもどし、やわらかくする。
・卵白は室温にもどす。
・Aのバニラビーンズのさやに切り込みを入れ、種を取り出して和三盆糖とすり合わせる。

・しぼり袋に星口金をつける。
・オーブンを160℃に予熱する。

—— つくり方
《生地をつくる》

1　ボウルにバターを入れ、ゴムべらでなめらかになるまで練る。

2　Aを加えてゴムべらで混ぜ、泡立て器に持ち替えて混ぜる。

POINT ▷ 泡立て器で混ぜるとバターに空気が入り、軽い生地に仕上がる。

→

3　卵白を2～3回に分けて加え、そのつど泡立て器でよく混ぜる。

4　薄力粉をふるい入れる。

POINT　ふるって加えることで薄力粉がダマにならない。

5　ゴムべらでなめらかになじむまで練って混ぜる。

POINT　ゴムべらで切るように混ぜ、粉けがなくなったらボウルの側面に沿わせるように混ぜてなめらかに仕上げる。

《しぼる》

6　しぼり袋に5を入れる。

POINT　しぼり袋を計量カップなどに立てると、生地を入れやすい。入れたら、生地をしぼりやすいように、カードで口金の方に寄せる。

7　天板の四隅に生地を少量つけて、オーブンペーパーを敷く。

POINT　ペーパーが動くときれいにしぼれないので、固定させる。油を塗っても。

8　天板に6を間隔をあけてしぼる。好みでピスタチオをのせる。

POINT　生地は口金をオーブンペーパーから浮かせるようにしぼるとよい。

3章 ── （しぼり出しクッキー）

しぼり方

〈丸〉直径3.5cmを目安に円を描くようにしぼる。

〈波形〉左右に蛇行させて3×5cmになるようにしぼる。2.5往復が目安。

〈シェル形〉奥から手前にしぼる。

〈ライン〉長さ5cmにまっすぐしぼる。

《焼く》

9 160℃のオーブンで18分焼き、網の上に移して冷ます。

かんたんアレンジ

シナモン風味やレモン風味にすると、一味違う味わいに。

【シナモン】
Aにバニラビーンズを加えずに、P.50のつくり方4で薄力粉にシナモンパウダー2gを合わせてふるい、同様につくる。

【レモン】
Aにバニラビーンズを加えずに、P.50のつくり方4のあとでレモンの皮（国産・すりおろし）½個分を加え、同様につくる。

ジャムクッキー

ヴィエノワ生地をリング状に丸くしぼり、まんなかの穴にジャムを入れて焼きます。
ジャムはラズベリーやいちごが彩りよく仕上がります。

—— 材料 〔直径4cm大・15個分〕

[生地]
バター(食塩不使用) … 60g
和三盆糖(粉砂糖でも可) … 20g
塩 … 少々
卵白 … 15g
薄力粉 … 70g

[飾り]
ラズベリージャム
　(好みのジャムでも可) … 40g

—— 準備
・バターは室温にもどし、やわらかくする。
・卵白は室温にもどす。
・生地用のしぼり袋に星口金をつける。
・オーブンを160℃に予熱する。

—— つくり方

《生地をつくる》
1　ボウルにバターを入れ、ゴムべらでなめらかになるまで練る。和三盆糖と塩を加えてゴムべらで混ぜ、泡立て器に持ち替えて混ぜる。

2　卵白を2～3回に分けて加え、そのつど泡立て器でよく混ぜる。薄力粉をふるい入れ、なめらかになるまでゴムべらで練る。

《しぼる》
3　天板の四隅に生地を少量つけて、オーブンペーパーを敷く。2をしぼり袋に入れ、天板に間隔をあけてしぼる。円を描くように直径4cm大を目安にリング状にしぼるⓐ、ⓑ、ⓒ。
＊口金をオーブンペーパーより浮かせてしぼるのがポイント。

《焼く》
4　160℃のオーブンで12分焼く。

《ジャムをしぼる》
5　ジャムをしぼり袋に入れ、カードなどで先端に寄せる。袋のごく先端を切り、4の中心にしぼるⓓ(またはスプーンでのせる)。

《焼く》
6　再びオーブンを160℃に予熱して5分焼き、網の上に移して冷ます。

ココアとチョコ　　　　　抹茶とホワイトチョコ

ヴィエノワのチョコがけ2種

P.48のヴィエノワ生地をベースにして抹茶やココアの風味にアレンジ。
そのまま食べてもおいしいですが、チョコをかけてひと工夫しました。

── 材料〔3.5×5.5cm大・各16個分〕

● 抹茶とホワイトチョコ
［抹茶生地］
バター（食塩不使用）… 60g
和三盆糖（粉砂糖でも可）… 20g
塩 … 少々
卵白 … 15g
A ┌ 薄力粉 … 65g
　└ 抹茶 … 5g

［飾り］
ホワイトチョコレート（製菓用）… 50g

● ココアとチョコ
［ココア生地］
バター（食塩不使用）… 60g
和三盆糖（粉砂糖でも可）… 20g
塩 … 少々
卵白 … 15g
B ┌ 薄力粉 … 65g
　└ ココアパウダー（無糖）… 10g

［飾り］
セミスイートチョコレート（製菓用）
　… 50g

── 準備
・バターは室温にもどし、やわらかくする。
・卵白は室温にもどす。
・しぼり袋に星口金をつける。
・オーブンを160℃に予熱する。

── つくり方
＊写真は抹茶とホワイトチョコです。

《生地をつくる》
1　ボウルにバターを入れ、ゴムべらでなめらかになるまで練る。和三盆糖と塩を加えてゴムべらで混ぜ、泡立て器に持ち替えて混ぜる。

2　卵白を2～3回に分けて加え、そのつど泡立て器でよく混ぜる。A（またはB）をふるい入れ、なめらかになるまでゴムべらで練る。

《しぼる》
3　天板の四隅に生地を少量つけて、オーブンペーパーを敷く。2をしぼり袋に入れ、天板に間隔をあけて、左右に蛇行させて3×5cm大の波形になるようにしぼる（2.5往復が目安）。

《焼く》
4　160℃のオーブンで18分焼き、網の上に移して冷ます。

《チョコレートをかける》
5　チョコレートを耐熱ボウルに入れてラップをふんわりとかけ、電子レンジ（300W）で2分加熱する。ゴムべらでしっかりと混ぜて溶かす ⓐ。
＊チョコは電子レンジで完全に溶かしきらない。少しかたまりが残っていて、混ぜたときに溶けきる状態がよい。

6　バットにオーブンペーパーを敷く。クッキーの半分をチョコにくぐらせⓑ、ボウルの端で余分なチョコをしごいて落としⓒ、オーブンペーパーにのせて固める。

◆抹茶生地は変色しやすいので、冷蔵庫で冷やすときや保存するときはラップの上からアルミホイルで覆うとよい。

3 章 　　　　　（しぼり出しクッキー）

コーヒーヴィエノワのチーズクリームサンド

ちょっぴりほろ苦いコーヒー風味のヴィエノワに、
クリームチーズとバターを混ぜた濃厚なクリームをはさみました。

—— 材料〔3×4.5cm大・14個分〕

[生地（コーヒーヴィエノワ）]
バター（食塩不使用）… 50g
和三盆糖（粉砂糖でも可）… 25g
塩 … 少々
A ┌ 生クリーム（乳脂肪分45%）
　 │ 　… 35ml
　 └ インスタントコーヒー … 1.5g
薄力粉 … 80g

[飾り]
アーモンドスライス … 20〜30g

[チーズクリーム]
バター（食塩不使用）… 35g
和三盆糖（粉砂糖でも可）… 10g
クリームチーズ … 70g

—— 準備

- バター、クリームチーズはそれぞれ室温にもどし、やわらかくする。
- 生地用のしぼり袋に片目口金をつける。
- チーズクリーム用のしぼり袋に丸口金をつける。
- オーブンを160℃に予熱する。

—— つくり方

《生地をつくる》

1　Aの生クリームのうち20mlを小鍋に入れて沸かす。インスタントコーヒーを加え、よく混ぜて溶かす。火を止め、残りの冷たい生クリームを足して30mlにするⓐ。

2　ボウルにバターを入れ、ゴムべらでなめらかになるまで練る。和三盆糖と塩を加えてゴムべらで混ぜ、泡立て器に持ち替えて混ぜる。

3　1を2〜3回に分けて加え、そのつど泡立て器でよく混ぜるⓑ。薄力粉をふるい入れ、なめらかになるまでゴムべらで練る。

《しぼる》

4　天板の四隅に生地を少量つけて、オーブンペーパーを敷く。3をしぼり袋に入れ、天板に間隔をあけて、長さ4cmを直線2本ずつしぼるⓒ。半量にアーモンドを1枚ずつのせる。

《焼く》

5　160℃のオーブンで18分焼き、網の上に移して冷ます。＊ヴィエノワのでき上がり。そのまま食べてもおいしい。

《チーズクリームをつくる》

6　ボウルにバターを入れ、ゴムべらでなめらかになるまで練り、和三盆糖を加えてしっかり練る。

7　クリームチーズを加えてゴムべらで練り混ぜ、泡立て器に持ち替えて空気を含ませるように混ぜるⓓ。

《組み立てる》

8　7をしぼり袋に入れ、クッキー（アーモンドがない方）の裏面にしぼる。残りのクッキー（アーモンドがある方）をかぶせ、冷蔵庫で30分以上冷やす。
　＊保存は冷蔵庫で。

クリームチーズ ①
牛乳とバターミルクからつくったフレッシュチーズ。

COLUMN

余った卵白でつくるメレンゲ

クッキーづくりでは卵黄のみを使うときや、卵白が余るときがあります。
そんなときは、メレンゲを焼きましょう。

メレンゲ

―― 材料〔約30個分〕

卵白 … 40g(1個分)
粉砂糖 … 50g

―― 準備

・しぼり袋に星口金をつける。
・オーブンを100℃に予熱する。

―― つくり方

1 ボウルに卵白を入れ、粉砂糖小さじ1を加え、ハンドミキサーで泡立てる。

2 白っぽくなってきたら残りの粉砂糖を3回に分けて加え、そのつど泡立てる。ハンドミキサーを低速に変えて整える。ⓐのようにしっかりした状態が目安。

3 天板の四隅に生地を少量つけて、オーブンペーパーを敷く。2をしぼり袋に入れ、天板にしぼる(P.50つくり方7、8参照)。100℃のオーブンで1時間ほど焼き、網の上に移して冷ます。

＊抹茶やディルを混ぜるのもおすすめ。抹茶はつくり方2のあとに、抹茶2gをふるい入れ、ゴムべらで混ぜる。ディルはつくり方2のあとに刻んだディル少量を混ぜ、しぼらずにスプーン2本を使って天板に落とし、ディルを飾る。

4章

(オイルベースのクッキー)

クッキーはバターを使うのが一般的ですが、
米油やココナッツオイルでつくる生地は軽やか。
米油を使うと、バターを使った生地のように
冷蔵庫で冷やし固める必要がありません。

オイルベースのクッキーの基本

きなこのサブレ

オイルベースのクッキーはつくり方がかんたん。
きなこを加えることで香ばしく焼き上がります。
きなこの風味とサクサク食感が楽しめ、飽きのこない味わいに。

つくり方 → P. 62

オイルベースのクッキーの基本

きなこのサブレ

―― 材料〔5cmの菊型・20枚分〕

生クリーム（乳脂肪分45％）… 25mℓ
ビート糖（きび糖でも可）… 25g
塩 … 少々
米油 … 25g
A ┃ 薄力粉 … 80g
　 ┃ きなこ … 20g

―― 準備
・天板にオーブンペーパーを敷く。
・オーブンを160℃に予熱する。

―― つくり方
《生地をつくる》

1 ボウルに生クリームとビート糖、塩を入れて泡立て器で混ぜる。

2 米油を注ぎながら、泡立て器でとろりとするまでよく混ぜる。

POINT ▷ 生クリームなどの液体と油を均一に混ぜて乳化させる。

3 Aをふるい入れる。

POINT ▷ ふるって加えることで粉類がダマにならない。

4 ゴムべらでなめらかになじむまで混ぜ、ひとまとめにする。

4 章 (オイルベースのクッキー) 63

5 ラップを広げた台に、4をのせる。めん棒に打ち粉（強力粉・分量外）をし、厚さ3mmにのばす（22cm四方が目安）。

POINT > めん棒を前後、左右に転がしてのばすを数回くり返し、厚みを均一にする。

《型で抜く》

6 5を型で抜き、天板に間隔をあけて並べる。

POINT > 型に打ち粉（強力粉・分量外）をすると、生地がくっつきにくく作業しやすい。

POINT > 崩れやすい生地なので、ラップごと生地を持ち上げてそっと抜き、天板にのせる。

7 残った生地はまとめ直し、同様にのばして型で抜く。
＊さらに残った生地はコップの底でのばす（P.27参照）。

8 竹串で穴をあける。

POINT > 穴をあけると、火の通りがよくなり、平らに焼ける。

《焼く》

9 160℃のオーブンで14分焼き、網の上に移して冷ます。

フロランタン

生地にキャラメリゼしたナッツ類をのせて焼く、香ばしいフランスの伝統菓子。
オイルベースのサブレ生地でつくるからコクがありつつも軽やか。

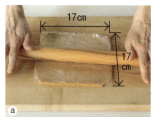

―― 材料〔4×4cm大・16個分〕

[生地（きなこのサブレ）]
生クリーム（乳脂肪分45%）… 25㎖
ビート糖（きび糖でも可）… 25g
塩 … 少々
米油 … 25g
A ┌ 薄力粉 … 80g
  └ きなこ … 20g

[キャラメルアーモンド]
B ┌ ビートグラニュー糖* … 30g
  │ 生クリーム（乳脂肪分45%）… 20㎖
  └ はちみつ … 20g
バター（食塩不使用）… 30g
アーモンドスライス … 60g
*なければ、一般的なグラニュー糖でも可（P.15参照）。

―― 準備

・アーモンドは天板に広げ、160℃に予熱したオーブンで7分焼く。
・オーブンを160℃に予熱する。

―― つくり方

《生地をつくる》
1　P.62のつくり方1〜4を参照し、生地をつくる。

《成形する》
2　ラップを広げた台に、1をのせてめん棒でのばす。ラップが17×17cm大になるように余裕をもたせて生地を包み、ラップの上からめん棒でラップの隅まで平らにのばす⒜。
＊めん棒を前後、左右に転がしてのばすを数回くり返し、厚みを均一にする。

3　オーブンペーパーをかぶせてラップごと返し⒝、天板にのせてラップを取る。

4　3にフォークで全体的に穴をあける。160℃のオーブンで12分焼き、オーブンペーパーごと網の上に移して冷ます。

《キャラメルアーモンドをつくる》
5　鍋にBを入れて弱火にかけ、沸騰したら火から下ろしてバターを加える。再び弱火にかけ、ゴムべらで絶えず混ぜ⒞、ベージュ色になって煮詰まったら、火から下ろし、アーモンドを加えて混ぜる⒟。

《組み立てる》
6　天板に4をオーブンペーパーごと移して5を手早くのせ、均一に広げる⒠。

7　再びオーブンを160℃に予熱して10〜15分、アーモンドがキャラメル色になるまで焼く。オーブンペーパーごと網の上に移して冷ます。粗熱がとれたら、まな板をかぶせてオーブンペーパーごと返す。

8　ほんのり温かいうちに切る。端を切り落とし、16等分になるように包丁で筋をつけてから切る⒡。
＊表面を上にして切ると割れやすいので、必ず裏面を上にして切る。

4章 （ オイルベースのクッキー ）　　　67

ローズマリーのショートブレッド

スコットランドの伝統菓子のショートブレッドをアレンジ。厚みのあるザクッとした生地を噛みしめると、ローズマリーのさわやかな香りが広がります。

―― 材料〔1.2×6㎝大・30枚分〕

A ┌ アーモンドミルク（プレーンヨーグルト・
　│　　無糖でも可）… 30㎖
　│　ビート糖（きび糖でも可）… 40g
　└　塩 … 少々
ローズマリー（生）… 10本
ココナッツオイル … 80g
B ┌ 米粉 … 100g
　│ アーモンドパウダー … 60g
　└ 薄力粉 … 40g

―― 準備

・ココナッツオイルが固まっていたら、湯せんにかけて液状にする。
・ローズマリーは、茎を除いてやわらかい葉を摘み、細かく刻み、6gはかる。

・天板にオーブンペーパーを敷く。
・オーブンを150℃に予熱する。

―― つくり方

《生地をつくる》

1 ボウルにAを入れて泡立て器で混ぜる。

2 ローズマリーを加えて泡立て器で混ぜる。ココナッツオイルを注ぎながら、とろりとするまでよく混ぜる@。
　＊生地がゆるい場合は、ボウルの底を氷水に当てて少しとろみが出るまで、冷やしながら混ぜる。

3 Bをふるい入れる。ゴムべらでなめらかになじむまで混ぜ、ひとまとめにする。

4 打ち粉（強力粉・分量外）をした台に3をのせ、手で練ってひとまとめにするⓑ。

5 ラップを広げた台に、4をのせてめん棒でのばす。ラップが13×19㎝大になるように余裕をもたせて生地を包み、ラップの上からめん棒でラップの隅までのばすⓒ。

6 バットにのせ、アルミホイルをかぶせて冷蔵庫で1時間冷やす。

《成形する》

7 6の端を切り落とす。1切れ1.2×6㎝大になるように、定規を当てて包丁で筋をつけてから切り、天板に間隔をあけて並べる。
　＊切り落とした生地は半分の長さに切り、2枚の切り口を合わせ、ギュッと寄せてまとめる。

《焼く》

8 150℃のオーブンで25分焼き、網の上に移して冷ます。

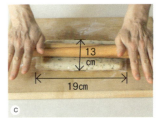

アーモンドミルク
アーモンドを細かく砕き、それをこしてつくったもの。アーモンドの香ばしい風味がする。

ココナッツオイル
ココナッツの胚乳から抽出した油。製菓には香りのないものが向く。

◆ローズマリー入りの生地は変色しやすいので、冷蔵庫で冷やすときや保存するときはラップの上からアルミホイルで覆うとよい。

ほうじ茶のヴィエノワ

バターではなく、米油でつくるヴィエノワはより手軽につくることができます。
軽やかな仕上がりで、ほうじ茶の風味がストレートに口いっぱい広がります。

── 材料 〔 直径3.5cm大・18個分 〕

[生地]
A ┌ 生クリーム（乳脂肪分45％）
　│　　… 40㎖
　│ 和三盆糖（粉砂糖でも可）… 25g
　└ 塩 … 少々
米油 … 40g
B ┌ 薄力粉 … 100g
　└ ほうじ茶 … 5g

[飾り]
ほうじ茶 … 適量

── 準備
・生地用のほうじ茶はすり鉢ですって
　粉状にする（ミルにかけて粉砕してもよい）。
・しぼり袋に星口金をつける。
・オーブンを160℃に予熱する。

── つくり方

《生地をつくる》
1　ボウルにAを入れて泡立て器で混ぜる。米油を注ぎながらⓐ、泡立て器でとろりとするまで混ぜるⓑ。
2　Bをふるい入れるⓒ。ゴムべらでなめらかになじむまで混ぜてⓓ、しぼり袋に入れる。

《しぼる》
3　天板の四隅に2を少量つけてオーブンペーパーを敷く（P.50のつくり方7参照）。天板に2を間隔をあけてしぼる。直径3.5cmを目安に円を描くようにしぼり、ほうじ茶をひとつまみずつのせる。

《焼く》
4　160℃のオーブンで18分焼き、網の上に移して冷ます。

a

b

c

d

チュイール

サクッと軽い食感のチュイール。生地を薄く焼いてから、
瓦形に成形します。トッピングはお好みでどうぞ。

つくり方 → P.72

4 章　──────（ オイルベースのクッキー ）

チュイールのチョコサンド (上)

薄く繊細な生地には、
なめらかなガナッシュが合います。

つくり方 → P.73

チュイールロール (下)

チュイールをくるくる巻き、ホワイトチョコをディップ。
紙を使うと、形が固定されて美しく仕上がります。

つくり方 → P.73

チュイール

—— 材料 〔直径6cm大・28枚分〕

[生地]
A ┃ 卵白 … 30g
　┃ 和三盆糖(粉砂糖でも可) … 30g
　┃ 塩 … 少々
生クリーム(乳脂肪分45%) … 10ml
米油 … 30g
B ┃ 薄力粉 … 30g
　┃ アーモンドパウダー … 20g

[飾り]
アーモンドスライス、ピスタチオ、
　ココナッツファイン … 各適量

—— 準備
・ピスタチオは細かく刻む。
・オーブンを180℃に予熱する。

—— つくり方

《生地をつくる》
1　ボウルにAを入れて泡立て器でよく混ぜる。生クリームを加えて混ぜ、米油を注ぎながら、とろりとするまで混ぜる。
2　Bをふるい入れ、泡立て器でなめらかになじむまでよく混ぜるⓐ。

《成形する》
3　天板の裏面を上にして油(分量外)を塗り、四隅に2を少量つけて、オーブンペーパーを敷くⓑ。
　＊油と生地をつけて、オーブンペーパーを固定する。
4　2を天板に間隔をあけてスプーンで落としⓒ、スプーンの背で直径5cmに薄くのばすⓓ。アーモンド(またはピスタチオやココナッツファイン)をのせるⓔ。
　＊5〜6枚ずつ行う。

《焼く》
5　180℃のオーブンで8分、焦げやすいので様子を見ながら焼く。

《仕上げ》
6　チュイールが熱いうちに軍手をした手でオーブンペーパーからはがしⓕ、めん棒にのせる。軍手をした手で押さえて瓦型にするⓖ、ⓗ。残りもつくり方4〜6をくり返す。
　＊めん棒が転がらないように、両端をぬれ布巾で固定するとよい。

a

e

b

f

c

g

d

h

ココナッツファイン
ココナッツの胚乳を削ったもの。

チュイールの チョコサンド

―― 材料〔直径6cm大・14個分〕

[生地]
A ┌ 卵白 … 30g
　├ 和三盆糖(粉砂糖でも可) … 30g
　└ 塩 … 少々
生クリーム(乳脂肪分45%) … 10㎖
米油 … 30g
B ┌ 薄力粉 … 30g
　└ アーモンドパウダー … 20g

[ガナッシュ]
牛乳 … 15㎖
セミスイートチョコレート(製菓用) … 30g

[飾り]
アーモンドスライス … 適量

―― 準備
・オーブンを180℃に予熱する。

―― つくり方

《生地をつくる》
1 P.72のつくり方 1～2を参照し、生地をつくる。

《成形する》
2 P.72のつくり方 3～4を参照し、直径5cmに薄くのばす。半量にアーモンドを1枚ずつのせる。

《焼く》
3 180℃のオーブンで8分、焦げやすいので様子を見ながら焼く。網の上に移して冷ます。

《ガナッシュをつくる》
4 鍋に牛乳を入れて沸騰直前まで温める。チョコレートを加えて火から下ろし、スプーンでツヤが出るまでよく混ぜるⓐ。

《組み立てる》
5 4が少し冷めてからクッキー(アーモンドがない方)の裏面に4をスプーンで等分にのせⓑ、残りのクッキーをかぶせる。冷蔵庫で30分冷やす。

a

b

チュイール ロール

―― 材料〔8cm長さ・14本分〕

[生地]
A ┌ 卵白 … 30g
　├ 和三盆糖(粉砂糖でも可) … 30g
　└ 塩 … 少々
生クリーム(乳脂肪分45%) … 10㎖
米油 … 30g
B ┌ 薄力粉 … 30g
　└ アーモンドパウダー … 20g

[飾り]
ホワイトチョコレート(製菓用) … 50g

―― 準備
・A4用紙を八つ折りにし、折り線に合わせて切り(1枚あたり7.5cm×10.5cm大になる)、端にテープを貼っておく。14本分用意する。
・オーブンを180℃に予熱する。

―― つくり方

《生地をつくる》
1 P.72のつくり方 1～2を参照し、生地をつくる。

《成形する》
2 P.72のつくり方 3～4を参照し、直径8cmに薄くのばす。*4枚ずつ行う。

《焼く》
3 180℃のオーブンで8分、焦げやすいので様子を見ながら焼く。

《仕上げ》
4 チュイールが熱いうちに軍手をした手で手前から巻くⓐ。用意した紙で巻きⓑ、テープで留めて形を固定する。残りもつくり方 2～4をくり返す。

《チョコレートをつける》
5 チョコレートを耐熱ボウルに入れてラップをふんわりとかけ、電子レンジ(300W)で2～3分加熱する。ゴムべらでしっかりと混ぜて溶かす。
　＊チョコは電子レンジで完全に溶かしきらない。少しかたまりが残っていて、混ぜたときに溶けきる状態がよい。

6 4の紙をはがし、半分を5にくぐらせ、ボウルの端で余分なチョコをしごいて落とし、オーブンペーパーにのせて固める。

a

b

◇ COLUMN ◇

おいしい紅茶の淹れ方

クッキーにはやはり紅茶が合います。
お菓子教室でいつも行っている紅茶の淹れ方を紹介します。

おいしい紅茶

── 材料〔4杯分〕
紅茶 … 6g
熱湯 … 500㎖

── 準備
・サーバーやポット、ティーカップに熱湯（分量外）を入れ、温めておく。温まったら湯を捨てる。

── 淹れ方
1 サーバーに紅茶を入れ、熱湯を注いで ⓐ、2分おく。あればポットカバーをかぶせて保温する ⓑ。

2 温めたポットに茶こしでこしながら入れる ⓒ。＊ティーカップに直接ではなくポットに注ぐと味が均一に仕上がる。

3 温めたティーカップに注ぐ。

◆ 茶葉によっておいしさが異なるので、味見をして茶葉の量や1の時間を加減する。

a

b

c

A　　B

おすすめの紅茶

（A）「パレデテ」のアールグレイ フルールブルー、（B）「ウーフ」のアールグレイ オレンジペコー。

アイスティーの場合は…

1の熱湯を半量にし、2のポットに氷を入れておき、そこに注ぐ ⓓ。

d

5章

(いろいろなクッキー)

1～4章の成形方法や生地のほかにも
手のひらで丸めたり、スプーンで落としたりし、
シート状にのばしてから切ったり、いろいろなクッキーがあります。
あなた好みのクッキーを見つけてみてください。

スノーボウル

口の中でサクッホロッと溶ける生地は、甘さ控えめ。
上品な風味で口溶けのよい和三盆糖をたっぷりとまぶします。

―― 材料〔直径3cm大・26個分〕

[生地]
バター（食塩不使用）… 60g
和三盆糖（粉砂糖でも可）… 25g
塩 … ひとつまみ
A ┌ 薄力粉 … 80g
　├ アーモンドパウダー … 20g
　└ 米粉 … 20g

[まぶす用]
和三盆糖（粉砂糖でも可）… 30g

―― 準備
・バターは室温にもどし、やわらかくする。
・天板にオーブンペーパーを敷く。

―― つくり方

《生地をつくる》

1　ボウルにバターを入れ、ゴムべらでなめらかになるまで混ぜる。和三盆糖と塩を加え、なじむまでしっかり練る。

2　Aをふるい入れ、ゴムべらでなめらかになじむまで混ぜる。

3　打ち粉（強力粉・分量外）をした台に2をのせて、手でなめらかになるまで練り混ぜ、ひとまとめにする。

《成形する》

4　26等分にして手のひらで丸める@。天板に間隔をあけて並べⓑ、ラップをかけて冷蔵庫で2時間以上冷やす。

《焼く》

5　オーブンを160℃に予熱する。160℃のオーブンで20分焼き、網の上に移して冷ます。

《まぶす》

6　ボウルに和三盆糖をふるい入れ、5を加えて、しっかりまぶすⓒ。

栗

かぼちゃ

ボーロ2種

昔なつかしい甘さ控えめの生地に、栗やかぼちゃのペーストを練り込んで
やさしい味わいに。ごく小さく丸めて、いくつでも食べられそうなおいしさです。

── 材料〔直径2cm大・各55個分〕

● かぼちゃ
バター(食塩不使用) … 20g
和三盆糖(粉砂糖でも可) … 25g
かぼちゃ(皮付き・種は除いたもの)
　… 40g
卵黄 … 1個分
A［薄力粉 … 40g
　片栗粉 … 40g
　ベーキングパウダー
　　… 1g(小さじ¼)

● 栗
バター(食塩不使用) … 20g
和三盆糖(粉砂糖でも可) … 25g
栗(皮付き) … 大2個(50g)
卵黄 … 1個分
B［薄力粉 … 40g
　片栗粉 … 40g
　ベーキングパウダー
　　… 1g(小さじ¼)

── 準備
・バターは室温にもどし、やわらかくする。
・天板にオーブンペーパーを敷く。

── つくり方
＊写真はかぼちゃです。
《生地をつくる》
1　かぼちゃはやわらかくなるまで蒸して皮を除き、裏ごしするⓐ。20g計量して使用する。
　＊栗の場合は栗を皮付きのまま1時間ゆで、半分に切って実をすくい出して裏ごしする。30g計量して使用する。
2　ボウルにバターを入れ、ゴムべらでなめらかになるまで練り混ぜる。和三盆糖を加えてなじむまでしっかり混ぜる。
3　かぼちゃ(または栗)のペースト、卵黄を順に加え、そのつどゴムべらでよく混ぜるⓑ。
4　A(またはB)をふるい入れ、ゴムべらで粉けがなくなるまで混ぜるⓒ。
5　ラップで包み、冷蔵庫で30分冷やす。
《成形する》
6　オーブンを180℃に予熱する。包丁で4を55等分してから、手のひらで丸め、天板に間隔をあけて並べる。
《焼く》
7　180℃のオーブンで15分焼き、網の上に移して冷ます。

a

b

c

チョコチップクッキー

チョコレートとオートミールのザクザクとした食感が楽しいクッキー。
チョコをナッツやドライフルーツに替えてもおいしい。

—— 材料〔 4.5cm大・18個分 〕

バター（食塩不使用）… 60g
きび糖 … 15g
塩 … 少々
卵黄 … 1個分
メープルシロップ … 20g
A ┌ 薄力粉 … 100g
　 └ ベーキングパウダー … 1g（小さじ¼）
セミスイートチョコレート（製菓用）
　… 50g
オートミール（ロールドオーツタイプ）
　… 25g

—— 準備

・バターは室温にもどし、やわらかくする。
・チョコレートを5mm大に刻む。
・天板にオーブンペーパーを敷く。
・オーブンを160℃に予熱する。

—— つくり方

《生地をつくる》

1　ボウルにバターを入れ、ゴムべらでなめらかになるまで練り混ぜる。きび糖、塩を加え、泡立て器でなじむまでよく混ぜる。

2　卵黄を加えて泡立て器で混ぜ、メープルシロップを加えてよく混ぜるⓐ。

3　Aをふるい入れ、ゴムべらで粉けがなくなるまで混ぜる。

4　チョコレート、オートミール各¾量を加えて、ゴムべらで混ぜ合わせる。

《成形する》

5　18等分して、スプーン2本で天板に間隔をあけて落とすⓑ。残りのチョコレートとオートミールを等分にのせ、指で全体を平らにして形を整えるⓒ。

《焼く》

6　160℃のオーブンで20分焼き、網の上に移して冷ます。

メープルシロップ
サトウカエデなどの樹液を濃縮した甘味料。独特の風味がある。

オートミール
オーツ麦（エンバク）を蒸す、ひく、のばすなどして食べやすく加工したもの。

バターショートブレッド

スコットランドの焼き菓子で、ショートは食感がサクサクという意味。
上新粉を加えてサクッとした食感に仕上げました。

—— 材料〔直径15cm・1台分（10切れ分）〕

バター（食塩不使用）… 60g
和三盆糖（粉砂糖でも可）… 25g
塩 … 小さじ¼
A ┌ 薄力粉 … 75g
　└ 上新粉（米粉でも可）… 25g
牛乳 … 小さじ½

—— 準備

・バターは室温にもどし、やわらかくする。

—— つくり方

《生地をつくる》

1　ボウルにバターを入れ、ゴムべらでなめらかになるまで練る。和三盆糖、塩を加え、なじむまでしっかり練る。

2　Aをふるい入れ、ゴムべらで切るようにして混ぜ、ポロポロのおから状にする。牛乳を加え、なめらかになじむまで練る。

3　打ち粉（強力粉・分量外）をした台に、2をのせ、手でしっかりと練ってひとまとめにし、円形にする。

《成形する》

4　台にオーブンペーパーを敷き、3をのせてラップをかけるⓐ。直径15cmのケーキ型の底をのせてギュッと押してのばすⓑ。ある程度の大きさになったら、ケーキ型の側面もかぶせて押しⓒ、厚さ1cmにのばすⓓ。
＊ケーキの型がないときは、鍋やフライパンの底を当ててのばす。

5　縁を指2本で押さえⓔ、花の形の模様にする。オーブンペーパーごと天板などに移し、冷蔵庫で2時間冷やす。

6　オーブンを160℃に予熱する。包丁を5本入れて放射状に切りⓕ、フォークで穴をあける。
＊穴をあけると、火の通りがよくなり、平らに焼ける。

《焼く》

7　160℃のオーブンで15分焼く。取り出して、6と同じところに包丁を入れⓖ、フォークで穴をあける。
＊焼くと生地が膨らみ、6で切ったところがくっつき、穴も埋まってしまうので、再度あける。

8　再びオーブンを160℃に予熱して15〜20分焼き、網の上にそっと移して冷ます。

5 章　――――（ いろいろなクッキー ）

全粒粉のビスケット

全粒粉と黒砂糖でつくるビスケットは、素朴な味わい。
黒砂糖のザクザクとした食感と風味がくせになります。

―― 材料〔5×5㎝大・16枚分〕

バター（食塩不使用）… 40g
A ┌ 全粒粉 … 60g
　 └ 薄力粉 … 50g
B ┌ 牛乳 … 25㎖
　│ ベーキングソーダ
　│ 　… 0.5g（小さじ⅙）
　│ 黒砂糖 … 35g
　 └ 塩 … ひとつまみ

―― 準備

・小さめのボウルにBを順に入れて、
　泡立て器で混ぜる。
・バターは室温にもどし、やわらかくする。
・天板にオーブンペーパーを敷く。

―― つくり方

《生地をつくる》

1　ボウルにバターを入れ、ゴムべらでなめらかになるまで練る。

2　Aをふるい入れ、ゴムべらで切るようにしてなじむまで混ぜる。Bを加え ⓐ、混ぜる ⓑ。

3　打ち粉（強力粉・分量外）をした台に2をのせて手で練ってひとまとめにする。

4　台にラップを広げ、3をのせる。めん棒に打ち粉（強力粉・分量外）をし、ラップが21×21㎝大になるように余裕をもたせて生地を包み、ラップの上からめん棒でラップの隅まで平らにのばす。

5　ラップをかけ、冷蔵庫で30分冷やす。

《成形する》

6　オーブンを150℃に予熱する。5の端をパイカッターで切り落とし、5㎝四方にパイカッターで切る ⓒ。
　＊パイカッターがなければ、包丁を使う。

7　天板に間隔をあけて並べ、フォークで穴をあける ⓓ。
　＊穴をあけると、火の通りがよくなり、平らに焼ける。

《焼く》

8　150℃のオーブンで20〜25分焼き、網の上に移して冷ます。
　＊切り落とした生地はそのまま焼く。

a

b

c

d

パイカッター（波型）
ギザギザに切ることができるカッター。

パルミエ / チーズパイ

パルミエはフランスのハート形をした代表的なパイ菓子。同じパイ生地でチーズを巻き込むと、塩味のチーズパイに。つくり方を覚えておくと便利です。

つくり方 → P. 88、89

チーズとクミンのクッキー

クミンがほのかに香るチーズたっぷりの塩味クッキー。
全粒粉入りでやや厚めに焼いて、ザクザクとした食感を楽しみます。

つくり方→P.89

パルミエ /
チーズパイ

 パルミエ

―― 材料 〔2.5×3cm大・26枚分〕

[生地]
A ┌ 強力粉 … 40g
　│ 薄力粉 … 40g
　└ 塩 … 1.5g
バター（食塩不使用）… 50g
水 … 30mℓ
酢 … 1滴

[フィリング]
きび糖 … 15g
シナモンパウダー … 1g

[まぶす用]
きび糖 … 10g

―― 準備

・バターは冷たいまま1cm角に切る。
・材料は計量し、すべて冷蔵庫で冷やしておく。
・天板にオーブンペーパーを敷く。

―― つくり方

《生地をつくる》

1　ボウルにAをふるい入れる。バターを加え、カードで細かくなるまでバターを切るようにして混ぜる ⓐ、ⓑ。

2　水、酢を加え、水分が均一にゆきわたるようにカードで切るようにして混ぜる。＊練らないように注意する。

3　打ち粉（強力粉・分量外）をした台に2を移し、手でギュッと寄せてひとまとめにする ⓒ。めん棒で長方形にのばし ⓓ、三つ折りにする ⓔ。向きを90度変え、めん棒で再びのばし ⓕ、同様に三つ折りにする。

4　ラップで包み、冷蔵庫で1時間冷やす。

5　台にラップを広げ、4をのせて打ち粉をしためん棒でのばす ⓖ。ラップが15×25cm大になるように余裕をもたせて生地を包み、ラップの上からめん棒でラップの隅まで平らにのばす ⓗ。

6　冷蔵庫で1時間冷やす。

《成形する》

7　表面にきび糖を均等にふり、シナモンパウダーをふりかけて中心に筋を横に一本描き、生地の手前を持ち上げてまんなかに向けて2回折りたたむ ⓘ。向きを180度変えて同様に折りたたみ、まんなかで折りたたむ。

8　ラップで包み、冷蔵庫で1時間冷やす。

9　オーブンを200℃に予熱する。8の表面にきび糖をつける ⓙ。厚さ1cmに切って切り口を上にし、天板に間隔をあけて並べる。

《焼く》

10　200℃のオーブンで15分焼き、オーブンの温度を下げ、180℃で5分焼き、網の上に移して冷ます。

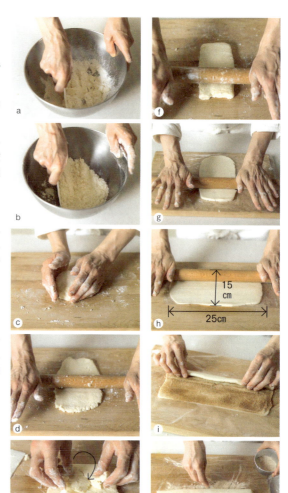

5 章 ──────（ いろいろなクッキー ）　　　　　　　　　　　　　　　89

 チーズパイ

── 材料〔直径3cm大・22枚分〕

[生地]
A ┌ 強力粉 … 40g
　├ 薄力粉 … 40g
　└ 塩 … 1.5g
バター（食塩不使用）… 50g
水 … 30mℓ
酢 … 1滴

[フィリング]
チーズ（パルミジャーノ・
　レッジャーノ/すりおろし）… 10g

── 準備
・バターは冷たいまま1cm角に切る。
・材料は計量し、すべて冷蔵庫で冷やしておく。
・天板にオーブンペーパーを敷く。

── つくり方
《生地をつくる》
1 P.88のつくり方1〜6を参照し、生地をつくる。

《成形する》
2 表面全体にチーズを広げるⓐ。生地の手前を1cm立ち上げてしっかりと折り込みⓑ、それを芯にして端まで巻く。
3 ラップで包み、冷蔵庫で1時間冷やす。
4 オーブンを200℃に予熱する。3を厚さ1cmに切って切り口を上にし、天板に間隔をあけて並べる。

《焼く》
5 P.88のつくり方10を参照し、焼く。

チーズと
クミンのクッキー

── 材料〔3cm大・42枚分〕
バター（食塩不使用）… 60g
きび糖 … 10g
塩 … 小さじ½
チーズ（パルミジャーノ・
　レッジャーノ/すりおろし）… 30g
卵黄 … 1個分
牛乳 … 小さじ1
A ┌ 薄力粉 … 90g
　├ 全粒粉 … 30g
　└ クミンパウダー … 1g

── 準備
・バターは室温にもどし、やわらかくする。
・天板にオーブンペーパーを敷く。

── つくり方
《生地をつくる》
1 ボウルにバターを入れ、ゴムべらでなめらかになるまで練る。きび糖と塩を加え、なじむまでしっかり練る。
2 チーズ、卵黄を順に加えて、そのつどゴムべらで混ぜ、牛乳を加えてなめらかになるまで混ぜるⓐ。
3 Aをふるい入れ、ゴムべらで切るようにしてなじむまで混ぜ、手で練ってひとまとめにするⓑ。
4 台にラップを広げて3をのせ、打ち粉をしためん棒でのばすⓒ。ラップが18×21cm大になるように余裕をもたせて生地を包み、ラップの上からめん棒でラップの隅まで平らにのばす。冷蔵庫で30分〜1時間冷やす。

《成形する》
5 オーブンを160℃に予熱する。4の端を切り落として3cm四方に切り、天板に間隔をあけて並べ、フォークで穴をあける。
＊切り落とした生地はそのまま焼く。

《焼く》
6 160℃のオーブンで20分焼き、網の上に移して冷ます。

クミンパウダー
強い芳香とほろ苦さがあるクミンシードを粉末状にしたもの。

COLUMN

クッキーを贈る（クッキー缶＆ラッピング）

憧れのクッキー缶、自分でつくったクッキーを詰めると喜びもひとしお。
クッキーはちょっとしたギフトにもおすすめ。ラッピングアイディアも紹介します。

| クッキー缶 | ・動かないように、きっちり詰めましょう。
・必要に応じて乾燥剤を入れてください。 |

大きさをそろえてすっきりと

クッキーは四角でも丸でも、
大きさがそろっていると詰めやすい。

さまざまな大きさで華やかに

メインの大きいクッキーを入れ、
すき間を埋めるように小さいクッキーを
詰めていく

> ラッピングアイディア

材料	透明な袋(三角形)、リボン
方法	透明な袋にクッキーを入れ、口をしぼってリボンを結ぶ。

材料	透明な袋、持ち手窓をあけた紙(二つ折り)、マスキングテープ
方法	透明な袋にクッキーを入れて、袋の口を紙ではさみ、マスキングテープで留める。

材料	透明なプラスチック製のケース(ふた付き)、紙カップ、リボン
方法	クッキーを紙カップに入れ、透明なケースに入れてふたをする。リボンをかけて結ぶ。

材料	紙袋、リボンなどの飾り、両面テープ
方法	紙袋を広げてクッキーを入れ、脇の折り線と折り線を口のところで合わせてテトラ形に整える。袋の口を2、3回折りたたみ、両面テープで留める。リボンなどの飾りを両面テープで留める。

COLUMN

クッキーの保存方法

焼きたてのクッキーは格別のおいしさですが、クッキーは保存可能。
上手に保存しておいしく食べましょう。焼く前の生地の状態でも保存できるので、
好きなときに焼きたてを味わえます。

焼き上がりの保存

焼いたクッキーが完全に冷めたら、密閉容器に入れます。湿気ないように、乾燥剤を入れるとよいでしょう。

保存期間
室温で1週間。
夏は冷蔵庫で保存すると、おいしさが保てる。

生地の保存

保存期間
冷蔵で3日、冷凍で1カ月。

クッキーは生地の状態で保存しておくと、いつでもすぐに焼くことができます。ただし、しぼり出しクッキーやオイルベースのクッキーは、生地の状態での保存には向きません。抹茶やローズマリーなどの入った変色しやすい生地を保存するときはラップの上からアルミホイルで覆いましょう。冷凍保存したときは、冷蔵庫で解凍してから使います。

ひとまとめの状態で保存
アイスボックスクッキーや型抜きクッキーの生地は、ひとまとめにしてラップで包んだ状態で、保存袋に入れる。

棒状で保存
アイスボックスクッキーの生地は、棒状にしてラップで包み、保存袋に入れる。

シート状で保存
型抜きクッキーの生地は、平らにのばしてラップで包んだ状態で、保存袋に入れる。

型抜きした状態で保存
型抜きした生地をオーブンペーパーにのせ、密閉容器に入れる。

この本で使っている 道具

はかり
0.1g単位ではかれるデジタルスケールがおすすめ。

計量スプーン
大さじ1＝15mℓ、小さじ1＝5mℓ。あれば小さじ1/2＝2.5mℓも用意を。

計量カップ
液体を計量するときに使用する。

ボウル
内径22.5cmのステンレスボウルと、内径16cmの耐熱ボウルがあるとよい。

バット
生地をのせて冷蔵庫で冷やすときなど。いろいろ使えて便利。

万能こし器
粉類をふるうとき、ジャムをこすときや野菜を裏ごしするときに使う。

ゴムべら
生地を混ぜるときに使う。耐熱のものがよい。

泡立て器
生地を混ぜる、攪拌するときなどに使う。長さ25cmほどのものが使いやすい。

ハンドミキサー
生クリームや卵白を泡立てるときや、バターを混ぜるときに使う。

カード
パイ生地を混ぜるときや成形、しぼり袋の生地を寄せるとき、生地をボウルから取り出すときに。

パレットナイフ
アイシングやクリームを塗るときなどに使う。長さ25cmほどのものが使いやすい。

はけ
生地の表面に卵液を塗るときなどに使う。

台とめん棒
生地を練ったりのばしたりする台（まな板）はサイズ違いを用意。生地をのばすめん棒は直径3cm、長さ45cmのものが使いやすい。

星：6切7号
片目：16×2mm
丸：口径8mm

しぼり袋と口金
生地やクリームをしぼるときに、口金をしぼり袋にセットして使う。しぼり袋は使い捨てタイプを使用。

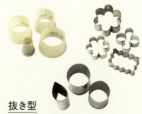
抜き型
さまざまな大きさ、形がある。好みのものを用意。

ラップ
生地をのばしたり、包んだりするときに使う。

ターナー
焼き上がったクッキーを天板から網に移すときに使う。先の薄いものがよい。

オーブンペーパー
シリコン樹脂加工の紙で、天板に敷いて使用する。

〔 あると便利 〕

シリコン製のオーブンマット
天板に敷いて使う。耐熱でくり返して使え、クッキーが均一に焼き上がる。写真はシルパン。

この本で使っている 材料

薄力粉
クッキー生地の主材料。国産薄力粉がおすすめ。本書では木田製粉のネージュを使用。

強力粉
パイ生地や、クッキー生地、打ち粉に使う。

全粒粉
小麦をふすまや胚芽も含めて、まるごとを粉状にしたもの。

アーモンドパウダー
アーモンドを粉末状にしたもの。クッキー生地に使う。

米粉
米を砕いて粉末状にしたもの。軽やかな食感に仕上がる。

上新粉
うるち米を原料とする米粉の一種。クッキーがサクサクに。

片栗粉
じゃがいもから精製したでんぷんの粉。

きなこ
大豆を粉末状にしたもの。クッキー生地に使う。

そば粉
そばの種（実）をひいた粉。

きび糖
さとうきびが原料。薄い茶色で、コクがある。素朴な味わい。

和三盆糖
さとうきびが原料。固まっていたら、ふるってから使う。なければ粉砂糖で代用可。

黒砂糖
さとうきびが原料。黒褐色で、独特の風味とコクがある。

ビート糖⑦
ビート（てん菜）が原料。まろやかな甘みがある。なければきび糖で代用可。

粉砂糖⑦
粉末状の砂糖。溶けやすいのでアイシングに。コーンスターチなどを含まない純粉砂糖を使用。

ベーキングパウダー
膨らませる力がある。アルミニウムの入っていないものを。

ベーキングソーダ
重曹。ベーキングパウダーよりも膨らませる力が強い。

塩
溶けやすい粉末状がおすすめ。塩を入れると甘みが引き立ち、味が締まる。

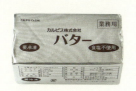
バター（食塩不使用）
製菓では、食塩を加えていないタイプを使用する。

卵
Lサイズ（正味55〜60g）を使用。新鮮なものがよい。

生クリームⓉ
クッキー生地には動物性で、乳脂肪分45〜47％のものを。

牛乳
生乳100％で、新鮮なものを。

米油
米ぬかから抽出される植物油。酸化しにくい。なければ、ほかの植物油でも可。

バニラビーンズⓉ
さやの中の小さな黒い種を取り出して使用。

パルミジャーノ・レッジャーノ
ハード系のチーズ。すりおろして使う。

チョコレート（製菓用）Ⓣ
左はカカオ分56％のセミスイート（50〜60％のものが使いやすい）、右はホワイトチョコレート。タブレットタイプが便利。

ココアパウダーⓉ
カカオ豆の胚乳が原料のカカオマスからつくられる。砂糖やミルクパウダーの入っていないものを。

抹茶
茶道で使用する粉末状の緑茶の一種。薄茶で飲んでおいしいものを。

ナッツ
左からくるみ、アーモンドスライス、ピスタチオ。食塩無添加のものを。ローストしたものを使う場合は、準備で空焼きしなくてよい。

ごま
黒ごま（左上）、白ごま（右下）。いったものを使用。

シナモンパウダー
独特の甘みと香り、かすかな辛みのあるスパイス。

本間節子（ほんま・せつこ）

お菓子研究家。日本茶インストラクター。少人数制のお菓子教室「atelier h（アトリエ エイチ）」を主宰。季節感を大切にし、食材の味や風合いを生かしたお菓子が人気。毎日食べても体にやさしいお菓子を提案している。雑誌や書籍へのレシピ提供、イベントや講習会など幅広く活躍中。日本茶をはじめ、さまざまなお茶の愛好家でもある。著書は『季節の果物とケーキ』（主婦の友社）、『はじめてのお菓子』（成美堂出版）、『体にやさしいお菓子』（朝日新聞出版）ほか多数ある。

https://atelierh.jp/
Instagram　@hommatelierh

まいにち、感動クッキー

発行日　2024年11月5日　初版第1刷発行

著者　本間節子
発行者　秋尾弘史
発行所　株式会社 扶桑社
　　　　〒105-8070 東京都港区海岸1-2-20　汐留ビルディング
　　　　電話　03-5843-8583（編集）
　　　　　　　03-5843-8143（メールセンター）
　　　　www.fusosha.co.jp
印刷・製本　大日本印刷株式会社

制作　平山祐子
デザイン　高橋 良［chorus］
撮影　山川修一［扶桑社］
スタイリング　阿部まゆこ
調理アシスタント　今井佳菜子
校正　田中美穂、濱口静香
編集　田村久美［扶桑社］

材料提供　株式会社 富澤商店
オンラインショップ　https://tomiz.com/
tel：0570-001919
＊Ⓣマークは、取り扱いのある食材です。

道具協力　デロンギ・ジャパン（フードプロセッサー）
https://www.braunhousehold.com/
ブラウンハウスホールドお客様相談室
tel：0120-998-879

定価はカバーに表示してあります。
造本には十分注意しておりますが、落丁・乱丁（本のページの抜け落ちや順序の間違い）の場合は、小社メールセンター宛にお送りください。送料は小社負担でお取り替えいたします（古書店で購入したものについては、お取り替えできません）。
なお、本書のコピー、スキャン、デジタル化等の無断複製は著作権法上の例外を除き禁じられています。本書を代行業者等の第三者に依頼してスキャンやデジタル化することは、たとえ個人や家庭内での利用でも著作権法違反です。
掲載されているデータは、2024年10月5日現在のものです。

©Setsuko Homma 2024　Printed in Japan
ISBN978-4-594-09895-7